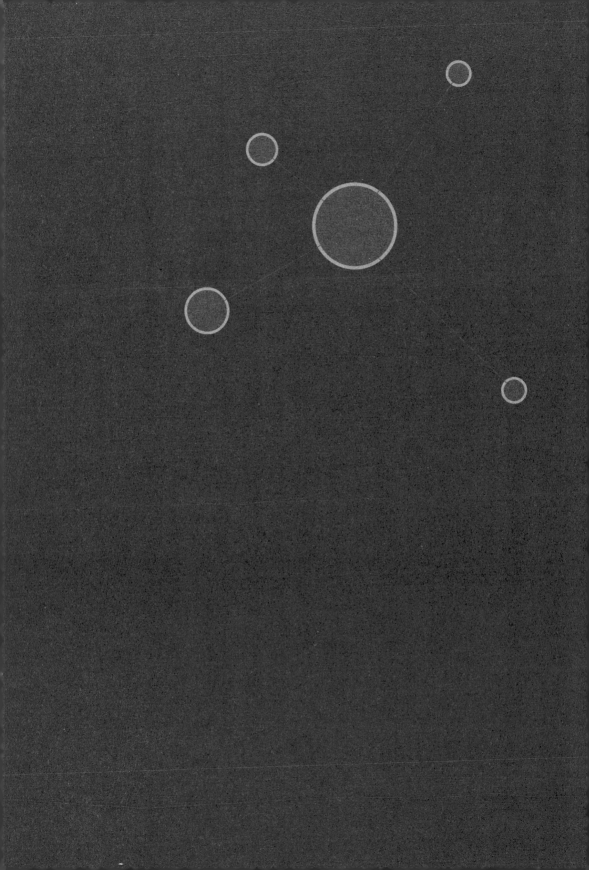

虛擬貨幣經濟學

從遊戲寶物、紅利點數、比特幣到支付Pay
數十億人都能從中獲利的淘金大未來

WILDCAT CURRENCY

How the Virtual Money Revolution is Transforming the Economy

線上遊戲研究權威、虛擬社群專家、經濟學家
愛德華・卡斯特羅諾瓦 Edward Castronova——著

黃煜文、林麗雪——譯

野人

地球觀22

虛擬貨幣經濟學

從遊戲寶物、紅利點數、比特幣到支付Pay
數十億人都能從中獲利的淘金大未來

作　　者　愛德華・卡斯特羅諾瓦（Edward Castronova）
譯　　者　黃煜文、林麗雪

野人文化股份有限公司
社　　長　張瑩瑩
總 編 輯　蔡麗真
責任編輯　蔡麗真
協力編輯　林麗雪
專業校對　魏秋綢
行銷企劃經理　林麗紅
行銷企劃　蔡逸萱、李映柔
封面設計　周家瑤
內頁排版　洪素貞

讀書共和國出版集團
社　　長　郭重興
發行人兼出版總監　曾大福
業務平臺總經理　李雪麗
業務平臺副總經理　李復民
實體通路組　林詩富、陳志峰、郭文弘、王文賓、吳眉姍
網路暨海外通路組　張鑫峰、林裴瑤、范光杰
特販通路組　陳綺瑩、郭文龍
電子商務組　黃詩芸、李冠穎、林雅卿、高崇哲
專案企劃組　蔡孟庭、盤惟心
閱讀社群組　黃志堅、羅文浩、盧煒婷
版 權 部　黃知涵
印 務 部　江域平、黃禮賢、林文義、李孟儒
出　　版　野人文化股份有限公司
發　　行　遠足文化事業股份有限公司
地址：231 新北市新店區民權路 108-2 號 9 樓
電話：（02）2218-1417　傳真：（02）8667-1065
電子信箱：service@bookrep.com.tw
網址：www.bookrep.com.tw
郵撥帳號：19504465 遠足文化事業股份有限公司
客服專線：0800-221-029
法律顧問　華洋法律事務所　蘇文生律師
印　　製　成陽印刷股份有限公司
初　　版　2015 年 1 月
二　　版　2018 年 1 月
三　　版　2022 年 3 月

ISBN 978-986-384-682-6 (平裝)
ISBN 978-986-384-684-0 (EPUB)
ISBN 978-986-384-683-3 (PDF)

國家圖書館出版品預行編目（CIP）資料

虛擬貨幣經濟學：從遊戲寶物、紅利點數、比特幣到支付 Pay，數十億人都能從中獲利的淘金大未來 / 愛德華・卡斯特羅諾瓦 (Edward Castronova) 著 ; 黃煜文 , 林麗雪譯 . -- 三版 . -- 新北市 : 野人文化股份有限公司出版 : 遠足文化事業股份有限公司發行 , 2022.03
　面 ;　公分 . -- (地球觀 ; 22)
譯自 : Wildcat Currency : How the Virtual Money Revolution is Transforming the Economy
ISBN 978-986-384-682-6(平裝)

1.CST: 電子貨幣

563.146　　111001104

野人文化
官方網頁

野人文化
讀者回函

虛擬貨幣經濟學

線上讀者回函專用 QR CODE，你的寶貴意見，將是我們進步的最大動力。

推薦

未來，可能是虛實貨幣無差別支付的時代

——沈中華（台大財金系教授）

小時候，遊樂場都設在百貨公司，當時要玩這些遊樂設施都要先到櫃台換代幣，而遊樂機器的投幣孔只接受代幣，有時候代幣可再換回貨幣，但有些公司則不准；此外，代幣的功能也極為有限，只限在遊樂場內，外面的世界並不接受代幣。由於代幣使用的大幅限制，並未影響一般的實體世界。

然而貨幣的一大特色是扮演交易的媒介，一個媒介只要有人接受，它就是貨幣，例如古時候，貝殼為人們所接受，故常被用來當貨幣。

最近幾年，互聯網世界大為通行，人們在網路玩遊戲，甚至購物，都使用虛擬貨幣，而越來越多網路活動也接受虛擬貨幣，此時使用類似「代幣」的「網路貨幣」或「虛擬貨幣」，甚至只叫「點數」也被人們接受。

一開始，這些點數不能在實體世界使用，網路世界與實體世界互相獨立，互不干擾。但當互聯網大幅盛行，有些虛擬貨幣也被實體世界接受，例如在網路上，我有時要買一篇學術文章，我可以用信用卡，但它也問我有沒有比特幣，這時網路世界正在賣實體世界的東西，只要有人接受它，它就是貨幣。它已逐漸與實體世界結合，未來可能會有某一大公司推出的虛擬貨幣，廣為人

們所接受，一統江湖，但它卻也可能因勢力過大影響貨幣發行量，擾亂金融運作，甚至侵犯鑄幣權與央行貨幣政策，被下令關門。

虛擬貨幣進入實體經濟的途徑可分為兩種：自下而上的滲透和自上而下的對接。

自下而上的滲透：虛擬貨幣處理商做兩件事，一件事是把虛擬貨幣結合銀行支付系統，也就是，使用者可以透過銀行帳號直接購買虛擬貨幣；第二件事是為虛擬貨幣持有者和多家商家建立支付管道，如果商家接收虛擬貨幣，用戶直接支付虛擬貨幣；如果不接受，它可以把虛擬貨幣即時轉換為美元後支付。因此，該虛擬貨幣也獲得與等同於法定貨幣的支付地位。

自上而下的對接：例如，亞馬遜推出的「亞馬遜幣」（Amazon Coins），只能在亞馬遜網站購買特定種類的商品或服務，並與美元保持固定的比率，因此能與現實貨幣掛鉤。

這兩條路徑對接之日，就是虛擬貨幣的引爆之時。此時虛擬貨幣將表現出全面的貨幣行為：可與其他貨幣兌換（無論是法定貨幣還是純虛擬貨幣）、可存入銀行或錢包、可直接購買實物、可實現無差別支付。

目前，雖然虛擬貨幣只是開始，影響力不大，但各國央行本於職責都對人民提出預警，表示這些代幣沒有法律保障，如果有一天，許多公司不再接受這些虛擬貨幣，則擁有這些虛擬貨幣者可能投訴無門。所以，雖然許多虛擬貨幣逐漸在成長，小部分為大眾所使用，但使用者永遠要小心，萬一有一天商家不接受，它可能變得立刻沒有價值。

本書除了介紹貨幣如何演進到現在實體與虛擬貨幣彼此融合的過程，也詳盡地說明了上述這些現象，更提供我們該如何妥善回應與適應這不斷變動的虛擬經濟新興現象。

推薦

貨幣形式越來越多元，有無限可能，也有風險

——劉瑞華（清大經濟系教授）

根據經濟學的定義，貨幣本來就不必是實際的物品。

人類文明發展的過程裡，許多東西曾經被用作貨幣，到了近代國際貿易興起，黃金與白銀因為最具各國共同接受的條件，而成為貨幣發行的依據。然而，現在各國的通貨發行都是根據法律制度，而並不需要有實際物品做為兌換的準備，貨幣也不完全由官方決定，而是透過金融機構創造。

隨著網路的發展，貨幣創造的可能性又面臨了新的變化。今天世界各國的官方都用印上複雜圖像的紙片當作通用貨幣，其實限制了大家對於貨幣可能的想像，這本書利用網路世界的新發展，幫讀者釋放貨幣的想像，也可以因此認識貨幣的性質。

此外，本書的原名Wildcat Currency（直譯應該是「野貓通貨」）有其典故。

美國在一八一六至一八六三年之間，有所謂Free Banking年代，設立銀行只受州政府的管制，相當容易，而銀行券（或者稱本票）又可以流通到外州，等於是做為貨幣的支付工具，可是卻有很高的風險。有些銀行根本沒有足夠的資產，也有虛設銀行趁機詐騙的例子，這些讓人領不到錢（銀幣）的銀行，就被稱為「野貓銀行」，它們發的銀行券就是「野貓通貨」。

本書作者應該知道這個典故，用於書名是提醒網路支付工具的新發展當然也有風險。

國際推薦

本書作者的研究謹慎而完整，是我所讀過最淺顯易懂的經濟學書籍。本書不僅對於今日成長最快速的線上趨勢做了出色、新穎與深入淺出的觀察，也對人類最悠久的制度做出反思：當我們提到「錢」的時候，我們指的到底是什麼？

——約書亞．費爾菲爾德（Joshua Fairfield，華盛頓與李大學法學院法學教授（Washington and Lee School of Law））

在本書中，作者清楚解釋：貨幣未來的發展仰賴虛擬世界與電玩，而非傳統的金融機構與政府。這說法如此驚世駭俗，真的值得一讀嗎？相信我，你不會後悔的！

——凱文．韋巴赫（Kevin Werbach，《遊戲贏家：遊戲思維如何革新你的商業模式》共同作者（For the Win: How Game Thinking Can Revolutionize Your Business））

面對即將到來的電腦網路交易勇敢新世界，作者針對電腦遊戲、飛行里程數、忠誠計畫、資料計畫、PayPal以及其他可用來支付和創造貨幣或準貨幣的工具，提出一連串問題，並且舉出基本例證來進行討論。

——馬丁．舒比克（Martin Shubik，耶魯大學經濟系教授、奇異、福特、蘭德公司顧問）

目錄

第二章

第三章

第四章

第六章

虛擬貨幣會發生金融恐慌嗎？

如果銀行把虛擬貨幣拿來做為貸款或投資其他公司；
如果企業用虛擬貨幣來做為交易的部分工具，
比如說，用亞馬遜幣做為借出美元的儲備金，萬一發生恐慌……

遊戲裡的完美金庫：不收利息、不收手續費、隨時可取用

遊戲控制貨幣數量的方法：買賣、打怪

拍賣場的保證金、手續費，都是設計來控制貨幣流量

第七章

讓真實貨幣經濟完全虛擬化的壓力，似乎已經形成了。

我們可以在越來越多更容易流動的支付系統，比如信用卡和Square支付系統中，看到這種壓力。

導論

我們正處在虛擬經濟的浪頭上

到二〇〇三年為止，「虛擬貨幣」（virtual currency）一詞運用的範圍仍相當有限，賭場籌碼與航空公司的常客飛行里程數（frequent flyer miles, FFM，詳見第二章），可以算是虛擬貨幣；線上遊戲的遊戲「金幣」也是虛擬貨幣的一種。過去，許多人試圖建立虛擬的 e 現金體系（eCash system），卻全部失敗。但過去十年來，情勢有了變化，開始出現大量的貨幣創新與貨幣擴張的現象。現在，虛擬貨幣的經濟規模，已經比現實中許多國家的經濟規模來得巨大。❶

任何關於貨幣的討論，都與商人如何交換價值脫不了關係。貨幣其實是一種支付系統，目的是為了讓人快速而便利地進行交易。

回顧歷史，越能滿足這項目的的支付系統，往往能取代功能較差的支付系統。硬幣取代以物易物，然後被紙幣取代，接下來紙幣又將被電子交易取代。虛擬貨幣也屬於最後這個取代過程的

❶ 當我寫作本書的時候（二〇一三年），根據追蹤比特幣的網站blockchain.info的說法，在市面上流通的比特幣（一種數位貨幣），總價值達到十五億美元。美國中情局世界概況表示，比特幣的總價值超過三十三個國家的貨幣存量總和（https://www.cia.gov/library/publications/the-world-factbook/rankorder/2215rank.html#top），但比特幣只占整體虛擬經濟的一小部分。

一部分，只是它太新穎，因此還未擁有固定的名稱。讓我們把虛擬貨幣稱為「數位價值移轉」（digital value transfer, DVT）。數位價值移轉系統也是一種電子支付系統，可以順暢地移轉使用者與貨幣的購買力。

數位價值移轉系統，直接幫你換算各種貨幣

數位價值移轉系統與目前的電子支付系統的差異在於：在電子支付系統裡，不同的交易方（銀行、店家、僱主）使用電腦向他方表示，自己擁有的國家貨幣數量，如美元與歐元。這當中不需要使用紙幣，你只要在資料庫裡顯示你擁有多少美元、日圓或其他國家的貨幣就行。然而，每個帳戶依然鎖定在單一的標準價值單位裡——你擁有的是美元、日圓或其他國家的貨幣。**數位價值移轉系統則不鎖定在任何單一的標準價值單位裡。相反地，它有張匯率表來進行計價，並且用這張表讓各個交易方順暢地移轉價值。**

我的帳戶也許是美元，而你的帳戶也許是達美航空的常客飛行里程數，但這並不會影響我們雙方的交易。支付系統知道如何轉換兩者的價值。你可以使用達美的里程數、《魔獸世界》的金幣或日圓，來購買我的巧克力棒。數位價值移轉系統會自動處理這些問題。

我們已經可以看到，數位貨幣的確使價值移轉更為流暢。以臉書的支付系統為例，臉書的應用程式開發者可以為自己的 app 創造任何種類的貨幣。假設有人製作了一個遊戲，或許遊戲使用的貨幣叫「呆幣」（sillie），你玩遊戲時可以不斷地累積「呆幣」。但你也可以用美元直接向遊戲

開發者購買「呆幣」。

對遊戲開發者來說，「呆幣」就像收入來源，而臉書會幫你處理支付的問題。開發者告訴臉書，他要對「呆幣」收取多少費用，當玩家購買「呆幣」時，他們會把錢移轉給臉書，然後他們在遊戲帳戶裡的呆幣就會增加。當遊戲開發者想兌換現金時，臉書會根據公定的呆幣與美元匯率，扣除一筆高額的手續費（在二〇一三年是三成）之後，直接給開發者美元。

臉書為數千名遊戲開發者提供這項服務，因此，某方面來說，臉書就像銀行一樣，可以順暢地在數千種貨幣之間進行兌換。二〇一二年，若以美元換算，臉書內部虛擬商品的交易量，其實已經超過了八億美元。[1] 到目前為止，臉書仍不准使用者使用某個應用程式的貨幣，來購買其他應用程式的商品。但實際上這麼做是可行的；臉書內部各種貨幣之所以無法交流，原因不在於經濟或科技，甚至也沒有違法的問題，原因純粹只是臉書不願意這麼做。

臉書如果願意的話，它大可撤除貨幣之間的藩籬，讓臉書成為一個巨大的經濟體。臉書身為這個巨大經濟體的唯一貨幣管制者，它可以發行自己的貨幣。事實上，臉書曾一度發行自己的貨幣，這種貨幣稱為「臉書點數」（Facebook credit）。但臉書最後還是決定創造一個數位價值移轉系統——一個擁有多種貨幣而非只是一種貨幣的世界。

舊時代的虛擬貨幣：香菸與綠郵票

貨幣的種類越來越多。歐洲中央銀行指出，用來創造顧客忠誠度的貨幣（例如常客飛行里程數），其所產生的貨幣價值，要比實體的紙幣與硬幣來得高。[2] 遊戲《暗黑破壞神III》（Diablo III）允許玩家將遊戲中收集到的虛擬黃金直接賣給其他玩家，換取實際的金錢。虛擬貨幣比特幣（Bitcoin）的設計者顯然想創造出一種能在全球通行的貨幣，但這種貨幣並非「真實」貨幣。二〇一三年，線上零售商巨擘亞馬遜書店已經宣布要發行自己的虛擬貨幣，「亞馬遜幣」（Amazon Coin）。

在今日，幾乎每個社群媒體系統——數千個以上的系統，有數十億人關注使用——在某種程度上都使用了虛擬貨幣。

《魔獸世界》的一千萬玩家，帳戶裡擁有數量龐大的虛擬金幣。Xbox遊戲賣場的兩千萬玩家可以用他們的「微軟點數」（Microsoft Points），在網影（Netflix）❷租電影看。二〇〇七年，中國人民銀行禁止人民幣與遊戲QQ幣（QQ Coin）進行兌換，因為太多人使用可兌換的QQ幣卡在真實經濟裡購買物品。就連實體公司也開始使用QQ幣，將他們的常客累積點數轉變成具有廣泛購買力的帳戶。

創造貨幣似乎成了普遍的商業手段。顯然，下一步就是將這些貨幣連結起來。

這些連結如何實現，由誰來促成連結，這些都將影響二十一世紀的經濟成長與國家力量。對於未來將如何發展，我們只能猜測，但目前我們至少可以提出幾個重要資訊。虛擬貨幣並非全新的現象，獄中的犯人會以香菸做為貨幣；你的祖母也許曾收集過綠郵票（S&H Green Stamp，詳見第二章）❸，將這些郵票貼成一本，可以用來兌換烤爐或縫紉機。一九二〇年代初，德國馬克就像遊戲貨幣一樣❹。南方政府債券在一八六二年還是真實貨幣，到了一八六六年就成了遊戲貨幣。虛擬貨幣（即民間貨幣）的出現，由於這種貨幣往往具有極大的彈性與力量，似乎引發了廣泛的討論，人們開始對於「貨幣是什麼」與「貨幣的目的」產生興趣。

地下的、網上的虛擬貨幣，等著變成檯面上的

過去幾個世紀的趨勢與現在相反，人們傾向於貨幣種類越少越好。經濟學家與貨幣政策權威一直相信，如果世界只存在單一形式貨幣，那麼經濟會發展得更好。

專家認為，在一個管轄區裡存在著多種貨幣——這在過去相當常見——是一件令人頭痛的事。如果存在著多種貨幣，每個物品都用不同貨幣標價，那麼光是買幾件東西，就會讓你搞不清楚到底要花多少錢。在不同管轄區裡兌換貨幣所需的成本，將會耗損貨幣的購買力。

另外，在貨幣上進行投機生意會是很自然的事，因為貨幣的價值最終取決於使用者對於貨幣未來價值的預估。最重要的是，混亂的貨幣很容易產生金融恐慌。基於以上以及其他更多的理

❷ 編按：原來從事傳統DVD租售業務，後來轉向線上串流影音服務。

❸ 編按：這是S&H公司的顧客紅利計畫，百貨公司、超商、加油站與各種零售業在結帳時給顧客綠郵票當作紅利，顧客把綠郵票放在免費的綠郵票收藏本（一本二十四頁，一頁五十張，共一千二百張）上，就可以購買S&H公司目錄清單上的物品。在一九三〇年代到一九八〇年代非常風行，在六〇年代的發行量甚至是美國郵票的三倍。

❹ 編按：第一次世界大戰後，德國發生嚴重的惡性通膨，一九二二年間，德國貨幣最高面額五萬馬克，但隔年居然印出面額一百兆馬克紙鈔。一九二三年惡性通膨達最高峰時，每月通膨率高達三二五萬%，物價每四十九小時上漲一倍，一份報紙售價達二千億馬克，一美元可兌換八百億馬克。這種不可思議的現象，讓作者將當時的德國馬克比喻為遊戲貨幣。

由，數世紀以來的金融政策制定者，總是傾向於減少貨幣種類，並且讓通行的貨幣受到金融單位的嚴格管控。

因此，現在出現了大量未經管制的新貨幣，問題就出現了。

我們是否要反轉趨勢，不再追求單一的全球貨幣？

我們是否要重拾工業革命前的體系，也就是每個國王、君主與貴族都擁有自己的貨幣？

這種舊體制的貨幣容易波動，而且也容易造成各種層面的混亂。正因舊貨幣制度的不便，我們才逐漸建立起今日的貨幣制度，只允許少數「硬」貨幣流通，並且確保其價值穩定。我們難道要回到過去那種混亂的狀況？或者，我們可以仰賴數位系統來處理複雜的貨幣流通問題？

此外，我們還有其他需要擔心的事。

要如何管制數位價值移轉系統？

有人做得到嗎？

如果有人自行發行貨幣，法律可以起訴他嗎？

民眾如何靠虛擬貨幣賺錢？

我們能否預測數位價值移轉系統的發展？

如果我們要為未來的經濟做好準備，現在該做什麼？

從二〇一〇年九月到二〇一一年八月，我帶領了一個由國家科學基金會資助的研究團隊，專門研究在虛擬與真實的灰色地帶之間，所產生的新興經濟制度的發展。[3] 我們對於網路空間上一些重要產品做了案例研究，而且讓研究助理深入二十餘個線上媒體系統進行了解。

我們發現一個現象：每個網路空間都擁有自己的內部市場，並使用自己的貨幣。而且，每一種貨幣都能兌換美元，也許是在合理健全的市場中交易，也許是直接與信譽良好的公司直接買賣。可以這樣說，地下的全球數位價值移轉系統早已存在，只是等著躍上檯面。

真實與虛擬？界線很模糊並持續混合中

一般人（指沒有經濟學學位的人）會把虛擬世界當成「不真實」的世界，認為虛擬世界與「真實世界」完全不同。但是，許多學者已經放棄這種區別，因為嚴格來說，這種說法並不正確。

舉例來說，即使是用電腦與網路講電話，仍然是人與人之間的真實對話。另外，五個男孩組隊在網上打怪，他們團隊合作的過程，其真實性不下於在籃球場上組隊打球。雖然打怪的場景是電腦產生的，打怪的行為是電腦傳送的，但男孩卻是真的男孩。不過，「虛擬」與「真實」的對比，畢竟是一種方便的說法，因此我在本書中依然會持續使用。

另外像「某種行為在虛擬世界很常見，但在真實世界則不是如此」，這也是一種便於描述的說法，用來解釋人類在電腦空間與非電腦空間，所採取的不同互動方式。因此，當我在本書中提出類似上述的說法時，並不是認定某件事是全然虛擬或全然真實。我只能說，在說明兩種領域的人類行為時，不得不用「虛擬」與「真實」來加以區別，就像我使用「法國」與「美國」一樣。讀者必須了解，這兩個領域是彼此衝撞交疊的。虛擬貨幣的出現就是個明證，顯示真實與虛擬正持續地混合為一。

虛擬貨幣的前世今生與未來

本書分成兩部分，第一部分是虛擬貨幣在今天的地位，第二部分則是虛擬貨幣的意義。

第一章與第二章簡介貨幣的歷史，做為一個思考脈絡，以了解虛擬貨幣的創造過程。**人們創造貨幣已經有很長的歷史，創造的理由一直是相同的，唯一不同的是支付技術。在今天，每個人都可以充當中央銀行。**

在第三章與第四章，緊接著第一章與第二章的內容，我要提出兩個具體的問題。**首先，創造貨幣合法嗎？**民眾可以想創造貨幣就創造貨幣嗎？至少在美國，答案是肯定的。美國並未立法禁止發行「民間貨幣」。**其次，民間貨幣是貨幣嗎？**某人自稱是中央銀行，然後開始以自己的姓名與肖像發行憑證，但這不表示這些憑證就是貨幣。貨幣必須合乎定義，在第四章，我將檢視虛擬貨幣是否合乎定義。當然，絕大多數都是符合的。

在第二部分，我要探討虛擬貨幣的意義，以及它將帶來的機會與風險。

第五章與第六章從經濟健全的兩個重要面向，來探討貨幣混亂的影響。第五章，要討論的是貨幣在衡量與溝通價值上扮演的角色。貨幣系統如果無法成功呈現衡量與溝通的價值，將會為經濟帶來極大的負擔，會造成交易不便，成長趨緩。第六章，則要探討信心的問題。貨幣系統如果讓人對於它的穩定性產生懷疑，必然會造成恐慌。過去曾經發生過的金融恐慌現象，其造成的災難性後果，影響所及不僅限於經濟層面而已，整個社會都受到嚴重打擊。因此，我們應該好好地思考，龐大的虛擬貨幣系統是否會造成民眾信心不足的問題。

在第七章，會概略說明虛擬貨幣現象的可能走向。人們總是有創造新貨幣的誘因，而且，經濟行動者總是想使用最能符合自身需求的支付系統。但每個人的需求都不相同，不同的行動者會支持不同程度的合法性，不是每個人都願意接受管制。因此，貨幣很可能持續創新下去，並且產生更廣泛且多元的數位價值移轉系統。

在第八章與結語，則要討論政府對虛擬貨幣的回應。虛擬貨幣的發展如何影響經濟上的管理？我們能從民眾處理自身經濟的方式，了解國家如何掌理一國經濟嗎？隨著美元與遊戲金幣之間的界線日漸模糊，我們原本認為不可侵犯的其他界線，也不再清晰可見。

虛擬貨幣怎麼管理？怎麼借鏡？

這一連串的發展，顯示至少有兩項具體的政策建議需要提出：

必須劃定界線。在虛擬社群與真實社群的制度之間，並不存在自然的、技術的或經濟的界線。我們甚至沒有理由將「真實」與「虛擬」對立起來。因為「虛擬」也是真實之物。真實與虛擬的經濟同樣都在網路上運作著。雖然一般基於方便總會用「真實」來指涉實體的經濟，用「虛擬」來指涉社群網站上的經濟，但這種區別只是概念上的，並非實際存在。

然而，我們也必須牢記，這兩種經濟可能有著不同的「目的」。遊戲經濟與市場經濟有著完全不同的目的：前者是為了娛樂，後者是為了銷售。兩者之間的區別不在於技術，而在於兩者不同的貢獻。遊戲是為了讓我們快樂；如果我們從遊戲中獲取的所得，像真實所得一樣必須課稅，我們還快樂得起來嗎？市場經濟是為了銷售，如果銷售的利益像遊戲所得一樣不用課稅，那豈不是太不公平？因此，必須根據制度目的定出界線才行。

測試政策。其次，虛擬貨幣的出現為公共政策揭示了一條新的決策途徑。虛擬貨幣的誕生，必須在發展過程中經過反覆的測試。遊戲公司不可能未經測試就推出新產品。當某個虛擬貨幣獲得重視時，通常這種貨幣已經在遊戲的實際運作中經過數千次的修改與增補。政府應該學習這種做法。隨著公共政策與社群媒體發展之間的界線日趨模糊，政府可以嘗試在實際施行之前，先在虛擬世界測試政策的可行性。

以網路為中心的生活型態，對未來的影響是？

現在，民眾在虛擬環境中花的時間越來越多，這種傾向已經對經濟產生影響。[4] 十年前，一年有五．七％的美國人買新車，二〇一三年已經下跌到四．九％。[5] 二〇〇八年汽車銷售大減是因為金融風暴的影響，但為什麼之後數年的銷售數字均不見起色？美國的人口持續增加，但在我寫作時，也就是二〇一三年，汽車銷售量依然未回升到金融風暴前的水準。而且不只汽車如此，許多消費品也出現類似的銷售停滯現象。[6] 有很多理由可以說明，但一個可能性是民眾逐漸轉成以網路為中心的生活型態，實體消費因此變得比較不重要了。

虛擬貨幣之所以越來越重要，不只是因為越來越多人玩起線上遊戲，也因為民眾越來越常使用虛擬貨幣，來進行日常的經濟交易。

除了許多人遠離真實世界，進入到虛擬世界中，我們還發現其他的現象：虛擬世界也反過來進入到真實世界中。現在，在我們身處的世界裡，科技的進展已經讓虛擬化為真實。有些人運用科技讓自己活在夢境裡，但另外有些人則是運用科技將夢境轉變成真實世界。

虛擬貨幣的重要性，在於它將遊戲世界與外在世界融合為一體。

第一部

虛擬貨幣大爆發時代

它何時開始、以什麼形式入侵現實經濟？

虛擬貨幣已存在很久一段時間，只是它以極不顯眼的方式存在，它出現在一些行銷手段之中，如常客飛行里程數、綠郵票與紅利點數、咖啡買十杯送一杯……

不可否認，市面上出現了越來越多稀奇古怪的貨幣。

遊戲玩家使用虛擬貨幣已經有很長一段時間。玩過多人線上遊戲的玩家，或多或少會擁有某些種類的虛擬貨幣——遊戲金幣、點數或達布倫幣（doubloon），這些都能用來衡量財富的多寡。虛擬貨幣已經成為線上遊戲不可或缺的部分，一旦虛擬世界少了貨幣，絕大多數的玩家一定會感到十分詫異。

許多單人遊戲更進一步設立了假的經濟體，讓玩家可以將獲得的物品賣給非玩家商人，以換取虛擬貨幣。單人玩家與多人玩家唯一的不同，在於多人遊戲裡的買賣是兩個真人進行交易。從這一點來看，多人遊戲的市場反而不像是遊戲，倒像是真實的交易。

我是經濟學家，也是線上遊戲玩家，我留意遊戲裡的各種虛擬貨幣，並且對這些貨幣如數家珍，就像庭園設計師熟悉每一種草木一樣。

然而，現在的你不必是個遊戲玩家（或經濟學家），也能感受到虛擬貨幣的存在。只要隨意觀察一下商業、新媒體與網路就會發現，到處都是虛擬貨幣。虛擬貨幣已存在很久一段時間，只是它以極不顯眼的方式存在，它出現在一些行銷手段之中，如常客飛行里程數、綠郵票與紅利點數、咖啡買十杯送一杯……這些都是相當常見的促銷手法。

你最熟悉的紅利點數，就是一種虛擬貨幣

然而，隨著世界的數位化，要建立與經營一套繁瑣的點數系統已非難事。現在，許多公司都已投入到這場遊戲之中。每一家大型信用卡公司、每一家大型零售商與每個社群網站 app 都

有點數系統。

幾年前，各個公司還會要你保留一張會員卡，表示你是他們的「俱樂部」會員。如果你跟格魯喬・馬克思（Groucho Marx）❺相反，凡是同意讓你成為會員的俱樂部你一律參加，恐怕你會擁有上千家俱樂部的紅利點數，口袋裡要塞滿上千張會員卡才能記錄這些紅利點數。

現在，我們已經不需要這麼多卡片了——只要在公司登錄，之後你在那家公司消費，你的紅利點數就會增加。沙拉、書籍、鞋子、啤酒或虛擬農場——在當前的經濟模式下，你每做一次交易，就能在某處建立點數。這些點數直到你兌現之前，都具有一定價值。

但「兌現」不一定是指實際上將點數兌換成美元、歐元或日圓。

「兌現」也可以指利用點數來購買某件擁有價值的東西，例如一杯咖啡或一本新書。如果使用點數來購買更多的虛擬農場呢？這樣是否只是以無易無？使用信用卡紅利點數來購買期限一個月的遊戲卡，或者是兌換成遊戲金幣呢？

或者是反過來：使用遊戲金幣來換取信用卡紅利點數，然後再用這些點數換取貝果。

這種交易模式其實已近在眼前。重點是，就算你不是遊戲玩家，也會隨時隨地遭遇虛擬貨幣。虛擬貨幣一開始是從遊戲中發展出來，但現在已經無所不在。

❺譯按：格魯喬・馬克思是美國喜劇泰斗，他曾說過，凡是願意讓他成為會員的俱樂部，他一概不參加。

第一章

遊戲、社群玩歸玩，都有一套虛擬經濟獲利模式

《魔法風雲會》、《星戰前夜》、臉書、斯地畝……這些為了獲利而提供商品與服務的遊戲公司與網路平臺，傾全力運用數位科技。在它們的努力下，市場開展了，而交易也滾滾而來。

來無影，去無蹤的龐大虛擬金流

當我和學生開始進行這項研究計畫時，我們的目標是檢視位於實體與虛擬經濟之間的影子經濟（shadow economies）的成長。「實體」經濟指的是非網路的或實際存在的經濟，「虛擬」經濟指的是電玩與社群媒體系統（如臉書）的經濟體系。我們特別感興趣的是灰色領域，如網路書店亞馬遜的交易平臺（詳見第109頁）或網路遊戲賣場斯地畝（Steam）的市場（詳見第71頁）。

花了許多時間檢視虛擬經濟裡的各種例子後，我們從中選擇二十七種做為社群媒體世界各個部門的代表。之後，我們設計了冗長的內容分析問卷，並僱用數名助理進到每個虛擬環境中，要他們盡可能回答問卷上的問題，數量越多越好。

舉例來說，我們問到社群媒體環境是否設有市場？如果是的話，玩家是否很頻繁地應用這個市場？我們也問到一些實體資源，例如上網時間與金錢，是否會影響虛擬環境的經驗？虛擬經濟是否包含常態經濟的其他面向，例如薪資、銀行或生產行為？

我們發現，這些虛擬環境有著龐雜的經濟、社會與文化多樣性。儘管如此，這些環境卻有一項明顯的共通點：擁有專屬的虛擬貨幣。

發展社群網路計畫的人，無論他推動的是哪一種計畫，他一定會為他的社群網路建立專屬的虛擬貨幣。與上一世紀的石油投機業者一樣，虛擬貨幣建立者也希望從政府尚未開始監督的賺錢良機中獲取利潤。

當我在雞尾酒會提到這項研究時，大多數人問的第一件事是：「這牽涉到多大數目的金額？」這個問題很難回答。首先，我們談的是整個虛擬經濟的金流❻，還是支持虛擬經濟存在的貨幣價值❼？關於這兩者，我們缺乏一般公認的數據，來確定它們的規模與成長。

因為，虛擬商品在世界各地不斷地產生與交易，而且，虛擬商品全部都是以數位形式存在，因此它們的產生與交易極為快速而簡便。這種狀況肯定會讓理型論❽思想之父柏拉圖興奮不已：在這裡，我們有一堆令人困惑的「東西」，而且全是明確、可以辨識的東西，有些甚至擁有清楚的經濟價值。然而，這些東西卻沒有外在形體。這些東西留下的外在痕跡——它們本來就只有痕跡——只是記憶體晶片上的電子簽名。這些簽名來來去去回應著電腦程式指令；它們像是海岸上的足跡，在留下的同時馬上被沖刷消失。這些東西本身只是概念。我們該如何描述這樣一個混亂而流動的現象呢？

❻編按：指用真實金錢購買虛擬貨幣與商品的金額。

❼編按：指虛擬經濟內部生產虛擬商品供玩家自己使用或出售得到虛擬貨幣的價值。

❽編按：柏拉圖的理型論（Theory of Forms）認為，非物質的抽象形式（或想法、觀念），以及經由感覺得知的非物質世界，擁有最高與最基本的真實性。

算得出來的虛擬金流，就超過百億！
——看得見的虛擬交易只是虛擬經濟的一小部分

一個描述這個現象的可能方式是，直接對虛擬商品的交易進行衡量，並且用美元計價。這是個龐大的任務，不只是因為資訊太少，也因為資訊太多。

虛擬世界的市場，一般總是會產生龐大的資料，包括交易活動、交易價格與交易量。在許多虛擬經濟中，資料會流入使用者的用戶端電腦，並且直接轉進資料分析軟體。統計人員只要進入虛擬世界，記錄螢幕上出現的數字就可以。

但解讀資訊並不容易。

虛擬世界產生的資訊流非常龐大，而且完全零散❾。這些資訊流包含了成千上萬已經加註時間的物件交易紀錄，例如一匹亞麻布換十二金幣。一般而言，網路公司本身不會為了分析與管理而去總計經濟數字❿。儘管我們可以做到整理資料，並且把虛擬經濟當成「常態」經濟來分析，但這項工作十分艱鉅。[1]⓫

想衡量虛擬經濟（暫且不論虛擬貨幣）的全球意義，一個比較可行但較為間接的方式，是從虛擬商品的銷售切入，也就是一家公司從顧客購買虛擬商品中，賺進多少真實世界的金錢。二〇一二年的一份資料指出，虛擬商品市場每年的交易量達一百五十億美元。[2] 歐洲中央銀行最近一份報告估計，二〇〇八年到二〇一〇年間，民眾為了購買遊戲與社群媒體虛擬貨幣，所支付的真實金錢，即所謂的「真實金錢交易」（real money trade, RMT），約介於兩億美元到一百億美元之間。[3]

然而，只估計虛擬商品的市場，會遺漏虛擬經濟中一切具有價值的東西。畢竟，以虛擬商品換取真實貨幣，只占虛擬經濟的一小部分。虛擬經濟中還有以虛擬商品換取虛擬貨幣，或生產虛擬商品供自身消費，這些物品也依然具有經濟價值。

因此，統計人員在衡量虛擬經濟時，通常會低估這些物品的重要性。這就像衡量日本經濟規模時，只計算以美元購買的日本商品價值，而忽視了以日圓購買的商品以及生產者自身消費的商品。

在虛擬經濟中，絕大多數的虛擬商品都直接由生產者消費，剩餘的虛擬商品才會以虛擬貨幣賣給其他使用者。出售虛擬商品與虛擬貨幣以換取美元，只是虛擬經濟的一小部分而已。

現有最合理的估計顯示，包括遊戲貨幣、數位貨幣與顧客忠誠度貨幣（泛指顧客紅利點數）等虛擬貨幣已經具有相當大的規模，而且正快速成長中。儘管如此，歐洲中央銀行目前的結論是，目前還不需要擔心虛擬貨幣。

---

❾ 資料分析軟體可以將資料寫在螢幕上並且進行計算，例如計算平均數。在許多狀況下，這個功能可以立即發揮功效。假定輸入全美籃球協會選手的資料流，標準的資料分析套裝軟體可以很快算出選手的平均身高，這個數字在某些狀況下可以立即派上用場。如果輸入的是遊戲經濟資料，你取得的是未經整理過的物件資訊，例如「八月二十一日凌晨一點到四點，在Ashara伺服器（虛擬）上的亞麻布平均價格是二十三金幣。」統計人員必須花很大的工夫才能取得這些數字，並且把這些數字以對決策者有價值的方式呈現。

❿ 《星戰前夜》（EVE Online）電腦遊戲是一個例外，該公司許多年來都會進行經濟統計並且製作報告。

⓫ 編按：此注解編號請參見附錄「延伸閱讀」，是作者提供的延伸閱讀資料來源或網址。

虛擬貨幣如何變成可以買東西的金錢？
——「價值」在真實與數位世界之間，可以無縫轉移

那麼，為什麼我們應該關心虛擬貨幣？雖然虛擬貨幣與虛擬經濟並未引起許多人的關注，但它們爆炸性的成長率說明，它們很快就會成為世界經濟極重要的一環。幾乎每個我們研究過的社群媒體產品——無論是遊戲、服務還是商業——都使用虛擬貨幣。對於虛擬世界的創造者來說，擁有貨幣似乎是很理所當然的事，甚至是必要的，即使他們所生產的產品並非幻想也非遊戲。但為了搭配提高顧客忠誠度的設計，每個在虛擬世界經營事業的人，似乎都傾向於自行發行貨幣。

此外，貨幣只是支付系統的一項元素。設計一個不使用固定貨幣的支付系統完全是有可能的。

虛擬貨幣的流通顯示，未來會出現無縫的數位價值移轉，也就是說，數位價值移轉系統可以在真實與虛擬的世界中無縫移轉價值，毫無障礙。

看看以下四個虛擬貨幣的例子，就能知道，虛擬貨幣可以為經濟、社會與商業需求，提供簡單的解決之道。虛擬貨幣的出現與使用，完全是應運而生。它們「可以派上用場」，這也許解釋了為什麼我們在研究的每個虛擬環境裡，都發現了虛擬貨幣的存在。

《魔法風雲會》：遊戲卡牌可以直接兌換美元

第一個例子其實與網際網路無關。不過因為它可以顯示虛擬貨幣有多麼容易發行，以及多麼容易讓一大群人進行交易，所以我們就以它來說明遊戲貨幣如何轉變成真實貨幣的基本機制。

《魔法風雲會》（Magic the Gathering）是一九九三年推出的卡牌遊戲。直到二〇〇二年為止，它從未正式出現在網路上。然而，它卻產生了經濟與交易；交易需要貨幣，於是便產生了貨幣；貨幣開始在網路上流通；現在，《魔法風雲會》的卡牌與美元的兌換率相當固定，每一張卡牌的價格比一美元略高一些。

《魔法風雲會》的故事顯示，在資訊時代，幾乎任何虛擬的東西都很容易變成金錢。

一九九〇年代，《魔法風雲會》遊戲看起來就像這樣：兩個人，面對面坐在牌桌前，他們通常是宅男⓬。每個人面前放著六十張牌。輪到宅男甲時，他會抽走六十張牌最頂端那張牌，然後打出手上的牌。每張牌有不同的作用，有的可以減少對手的生命值，有的可以摧毀對手的一張牌。然後輪到宅男乙，他同樣也抽一張牌，然後打出手上的牌。就這樣輪番抽牌、出牌，直到其中一人的生

⓬我這裡沒有貶抑的意思，因為我自己也很宅。

命值從開始的二十點降到零點，遊戲便結束。

世界上通行的數百種卡牌遊戲，玩法都是這麼簡單——抽牌與出牌。但《魔法風雲會》之所以大受歡迎，主要是因為它有兩項創新。

首先，卡牌的玩法不是寫在說明書上——而是寫在卡牌上。你從套牌（也就是前面說的六十張牌）抽牌出來，閱讀卡牌上的文字，然後思索接下來的出牌策略。卡牌可以做的事千變萬化，牌上清楚寫著這張牌能做什麼，所以你不用費神去記深奧複雜的規則。嚴格來說，卡牌上寫的都是必須知道的最基本的規則！如果你手上沒有卡牌，那麼卡牌上的規則與你無關。如果你手上拿著卡牌，那麼這張卡牌上的規則，你不能視若無睹。

第二項創新是玩家可以建立自己的套牌，你可以購買公司發行的各種不同組合的卡牌，然後你可以考慮怎麼搭配卡牌，來創造出具有創意而出人意表的效果。玩家的本領部分靠運氣，部分仰賴臨場發揮，但管理與建立正確的套牌組合也同樣重要。

卡牌的取得有兩種方式，像購買棒球卡一樣，你可以向公司購買卡牌，也可以與玩家交易卡牌。想想《夢幻足球》（Fantasy Football）⓭的例子：你現在就是用六十張卡牌組一支「球隊」，這支球隊必須在與各種隊伍對戰時都能應付自如。

卡牌遊戲因套牌對戰策略靈活而湧現商機

這些創新使《魔法風雲會》成為複雜而具高度策略性的遊戲。一九九四年，《魔法風雲會》榮獲門薩獎（Mensa Award）⓮。抽牌，閱讀卡牌，然後出牌，兒童也能玩這個遊戲。這個遊戲好玩的地方不在於閱讀與出牌，而在於期待有什麼牌會落到你手上，而你要如何應對。小孩子也許沒想那麼複雜，也不需要。但天才物理學家愛因斯坦與歐本海默很可能從《魔法風雲會》中得到不少樂趣，他們會很清楚自己的套牌裡有什麼，會推斷五秒鐘後某一張牌被抽出的可能性，或者是勝負即將決定之際，突然抽出殺手牌翻轉結果的可能性等。

對於《魔法風雲會》最佳玩家來說，此遊戲的重點在於如何建立套牌，來創造擊敗對手牌型。以下我們舉一個例子，來說明如何建立套牌與卡牌交易。《魔法風雲會》玩家建立的套牌最大的特徵是顏色，因為類似顏色的卡牌比較能彼此配合。讓我們先從綠色套牌講起。綠色套牌充滿了巨獸——龐大、強而有力的生物，在遊戲裡會造成對方嚴重損害。

然而，這些龐大而強有力的怪獸需要相當大的資源才能建立，也就是需要魔法力（mana）才能召喚牠們前來戰鬥。因此，綠色套牌的玩家在比賽的前半局處於弱勢，要緩慢地累積魔法力。一旦有了足夠的魔法力，綠色玩家就能放出成群的熊、犀牛與蜘蛛來攻擊敵人，摧毀敵人。

這種策略與擁有紅色套牌的玩家使用的策略不同。紅色卡牌會產生立即的小損害。紅色玩家會發動一波又一波的小攻勢，以蠶食的方式啃食敵人的生命值。當紅色與綠色對戰時，紅色玩家會希望他的小攻勢，能趕在綠色玩家累積足夠魔法力釋放巨獸前，打敗對方。

⓭編按：一種策略經營的線上遊戲，讓玩家可以任意整編自己的夢幻足球隊，包括球員、陣容、比賽等。

⓮編按：又稱最佳動腦獎，從一九九〇年開始，每年會根據原創性、美觀性、可玩性和規則易讀性，選出五款桌上遊戲。

然而，《魔法風雲會》的比賽中，大多數人使用的都是藍白組合的套牌。白色卡牌保存與護衛生命值。藍色卡牌可以管理套牌，最優秀的玩家最看重這種卡牌的力量。典型的藍色卡牌能讓玩家搜尋套牌，找出某張牌然後立即投入牌局。換言之，他不需要抽牌——他可以直接拿牌。其他的藍色卡牌可以讓玩家從棄牌堆裡拿回強而有力的牌，或者是連抽十張牌等。如果愛因斯坦玩《魔法風雲會》，他會選擇藍白組合的套牌。他的白色卡牌可以保存他的生命值，他的藍色卡牌結合他的機率知識，可以讓他手上的牌隨時發揮最大的力量。

玩家渴望交換卡牌，交易市場就產生了

有這麼多策略可以使用，因此每一張卡牌都有一定價值。

如果我是紅色玩家，而我要對抗的是綠色玩家，那麼對我來說，取得能摧毀綠色魔法力的牌就成了當務之急。如果我能將這些牌放進套牌裡，我就有機會早一步抽到這些牌。若真的抽到，我就可以早一點破壞綠色玩家的魔法力，延遲他召喚貝西摩斯（behemoth）[15]、攻城巨車（juggernaut）[16]的時間。

藍白組合的玩家特別看重能讓他們挖掘套牌的卡牌。他只需把幾張強力卡牌夾在套牌裡，然後仰賴自己的技巧從套牌中抽出這些牌。如果有一張卡牌可以讓玩家反覆地搜尋套牌，然後從中抽取力量最強的卡牌，那麼這張牌對玩家來說將是價值連城。

這種玩法自然會產生市場。而它也真的創造出市場，因為《魔法風雲會》很快就竄紅。對於在

遊戲展場上四處等待活動的粉絲來說，這種卡牌遊戲原本被認為是浪費時間的作品，但到了一九九九年，《魔法風雲會》卻成為矚目焦點。

發行卡牌遊戲的威世智公司（Wizards of the Coast）每隔一段時間會發行新的卡牌，而《魔法風雲會》巡迴賽也開始提供五位數字的獎金。這一切使《魔法風雲會》的開發者賺進大把鈔票。

想想這個商業模式。你有十萬名腦袋靈活的玩家興致勃勃地準備打敗他們的朋友，而他們可以購買卡牌來做到這一點。他們會花多少錢購買比自己手中的套牌更好一點的卡牌？設計與發行一張卡牌需要多少成本？

短期來看，這是一筆好賺的生意：如果現有卡牌平均力量點數是五點，那麼你只要發明一個可以讓卡牌提升成六點的古怪規則，然後付給畫家一百美元讓他設計美麗的圖像，接著印刷、販售。在點數五的世界裡，誰不願意花一美元買進可提升成六點的卡牌？也許兩美元？甚至二十美元？

但長期而言，你必須更謹慎一點。

遊戲開發者是獨占者，我們都記得經濟學原理提過，獨占者知道他們必須限制產出，才能讓需求價格維持高檔。

所以《魔法風雲會》開發者一年只發行一套新卡牌，並搭配新的力量與規則，在增添新規則與

⑮編按：是一種巨獸類型，但有不同名稱與規則，比如當奇肢貝西摩斯進戰場時，要將手牌移出遊戲；邊境貝西摩斯踐踏另一個巨人，便得+4/+4；真菌貝西摩斯的力量和防禦力各等同於由玩家操控的生物上之+1/+1指示物總數量……

⑯編按：是一種神器生物，使用規則是：攻城巨車每回合若能攻擊則必須攻擊，且連牆都無法阻擋。

新力量的同時也「淘汰」舊卡牌。這些舊卡牌不准在正式比賽時使用，以保持新產品的穩定需求。

eBay、開發商，都能從卡牌交易中賺上一筆

《魔法風雲會》快速成長到數千張卡牌與數千種力量，人類的無限創意表現在玩家建立的種類無窮的套牌組合上，每個玩家都有自己獨特的套牌組合。

那麼交易又是如何產生的呢？如果數十萬名玩家每個人都有不同的喜好，如果卡牌發行時種類的組合是隨機的，那麼玩家就有了交換卡牌的誘因。

一開始是像孩子之間的以物易物——我用送終天使跟你換森林潛行者。但以物易物沒有效率。第二個孩子說：「等等。森林潛行者的力量比送終天使大，你應該再給我一張縱火怪。」於是兩個孩子都同意了，成交。但進階的玩家可不這麼認為，他們知道送終天使與縱火怪加起來的價值要再乘以一．一三倍才等於森林潛行者的價值，因此這個交易並不划算。這些玩家需要可以再細分的貨幣，例如美元，來促進交易，例如森林潛行者可能價值二一．六美元，而送終天使加縱火鬼怪則是二．三美元。一旦有了貨幣，你可以在交易之後，再找三十美分給對方，這樣就兩不相欠。

最早呼應《魔法風雲會》卡牌交易需求的是eBay。即使到了今日，我依然能在eBay上以十一．三八美元的代價（第九次出價）買到孤立禮拜堂這張卡牌。[4]唯一的缺點是手續費與瑣碎的麻煩事。卡牌必須運送，因此要附加運費。此外，從事販售必須繳納所得稅與營業稅；以美元交易必須遵守美元地區的法律與規定。如果你使用信用卡，還要外加費用。這一切實在很礙事。

便利性與地方稅制，讓實體交易轉換成數位虛擬交易

沒有任何東西像網際網路一樣，能去除人與人交易時出現的障礙，二〇〇二年，《魔法風雲會》終於發行了線上版。開發商設計了用戶端軟體程式，可以安裝在你的電腦上，讓你跟中央伺服器對話。此外，中央伺服器可以販售數位版本的卡牌給你，追蹤哪些玩家擁有哪些數位卡牌，並且維持聊天管道讓你與其他玩家「交朋友」與交易卡牌。你可以參加活動：約定時間，玩家可以在這個時間上線與網路上其他成員玩牌。要登入參加這些活動，你必須付一美元向遊戲公司購買數位通行憑證，又稱為活動入場券（Event Tickets）。如果你買了入場券卻未使用，可以保存起來給另一名玩家，或用來交換其他東西，例如卡牌，或者兌換美元。

現在，假設我想建立一副完美的《魔法風雲會》套牌，而且願意為這副套牌花一大筆錢。我可以採取面對面的方式：在eBay上搜尋，盡我的能力買下我認為的好牌，老實地支付營業稅（或不支付），然後冒著付款後卡牌可能寄丟的風險。然後我必須找到人一起玩牌，我要在現實世界參加巡迴賽，希望爭取到最好的成績。

或者我可以採取數位的方式：玩《魔法風雲會》線上版，買一千張入場券，用這些入場券購買最好的數位套牌。沒有稅的問題，也就沒有逃稅的問題，因為國稅局不認為入場券是錢。我可以仰賴遊戲公司進行資料庫轉換記錄卡牌的移轉[17]——我不用擔心郵遞人員弄丟我的卡牌，而且交易是馬上發生。最後，我總是能找到玩家——在線上。我只需要保留幾張入場券好讓自己能參與遊戲。

開發商為了最大的獲利，聰明掌控遊戲中的供需平衡

這些入場券在真實世界是否有價值？答案是肯定的。

跟我之前提到的例子一樣，在我寫下這段文字的這一天，第三人出售的入場券每張賣價一・〇四美元。[5]但奇怪的是，到公司網頁可以直接用每張一美元的價格買到入場券，為什麼在公開市場購買居然價格會「超過」一美元？

理由顯而易見，那就是從公司購買要課稅。在歐洲許多國家，增值稅的稅率超過二〇%。美國大多數的州，銷售稅的稅率超過五%。有些玩家所在的州要課徵這些稅，這些玩家當然傾向於以一・〇四美元的價格向第三人購買，而不願以一・〇八美元的價格向公司購買（這個價格結合了公司的價格與政府的稅率）。

但這無法解釋為什麼在開放市場入場券的價值，無論在何處都接近一美元。

想像一下，你擁有一家公司，而這家公司基本上就是一個Excel試算表。試算表上有一長串姓名清單，姓名旁邊的欄位填著數字，欄位名稱是「入場券」。你寄電子郵件給這些人，上面寫著，「如果你們給我一美元，我可以增加你們『入場券』欄位的數字。」假設基於某種不知名的原因，有許多人寄錢給你，此時你更改資料庫裡的數字需要多少成本？

基本上來說是零成本（或幾近於零），但你每改一次就能得到一美元。你身為這家公司的老闆，而且你一心想著開名牌跑車出去兜風，聽到這件事，你第一個反應應該是盡可能滿足客戶要求，全力提供這項「服務」！不管哪些人需要入場券，首要任務就是盡快提供入場券以滿足顧客的需求。

但是，產品大量販售可能會降低需求——如果到了最後，每個人都擁有入場券，那麼自然有人不願以一美元的價格繼續買進。既然如此，好，我們降價到〇・九美元。你可以因此爭取到更多客戶，而〇・九美元依然遠高於你的成本，因為你的成本是零。當客戶的需求飽和時，你可以再次降價，例如降到〇・八美元，然後以此類推。你的直覺告訴你，只要高於成本，那麼你可以盡可能調整價格來推銷你的產品。

然而，經濟學原理提到的獨占者了解：要賺更多錢，必須讓市場價格維持高檔。

《魔法風雲會》的經營者也了解這點，所以限制卡牌的發行數量，採取一些手段來維持入場券的價值。他們並不限制入場券的發行數量，但確實讓入場券的價格維持在一美元。遊戲公司為了維持入場券的需求，於是要求參加活動必須繳交更多的入場券。過去，你參加活動只需要一張入場券。現在，有些活動居然要三十張入場券。

某個公司高層，我們姑且可以叫他《魔法風雲會》央行主席，可能會在威世智辦公大樓的隱密處觀察入場券的供給與需求，並且向活動舉辦者提供價格建議。如果他認為入場券的公開市場價格太低，那麼他會要求公司把每次活動需要的入場券張數提高。如果市場價格太高，那麼入場券張數就降低。藉由這種方法，《魔法風雲會》央行主席可以讓入場券的市價維持在一美元左右。

⑰《魔法風雲會》線上版的發行商威世智公司設計與維護的軟體程式，可以直接且安全地傳送訊息給遊戲主伺服器。基本的做法是，你向某個玩家提議進行交易，他可以選擇同意或不同意。如果他點選同意，伺服器就會讓交易成立：交易物的所有權可以在遊戲的資料庫裡安全地進行轉換。

《魔法風雲會》的經營者顯然認為，維持貨幣穩定是好事。入場券的公開市場價格也一直停留在相對狹窄的區間內：從〇．八到一．二美元。

看到賺錢機會，寄生的小公司就出現了，刺激虛擬經濟更活絡

價格的穩定產生另一種令人意外的發展：市場上出現了其他追求利潤的公司。《魔法風雲會》大約有三十萬名玩家，這是相當龐大的潛在交易市場。舉例來說，卡牌收藏家網路公司（Cardhoarder.com）就利用買賣卡牌與入場券賺錢。[6]它設計了「Bot」（非真人玩家）來協助交易。卡牌收藏家在《魔法風雲會》線上版有一個帳號為「Cardhoarder Card Buy Bot」。因此，Bot可以在狹窄的價格區間內與真人玩家互動，Bot做的事包括列出一堆卡牌，標明卡牌的價格，或者以入場券與玩家交換卡牌。

不過，在網站上，卡牌收藏家只是簡單表示，「上網來看看我們的Bots！」你進入網站之後，可以支付真實金錢給卡牌收藏家來換取「Bot點數」。因此，當你在系統裡與Bot交談時，它會告訴你，你擁有多少Bot點數。你可以要求以入場券或以Bot點數為單位來計算卡牌的價值。你可以透過網站支付入場券、美元或歐元給賣家。卡牌收藏家只是眾多透過《魔法風雲會》線上版來加快卡牌、入場券與美元流通的公司之一，而這些公司多半是以家庭手工業的模式經營。

若入場券價格波動很大，這種個人活動就不可能成功。個人活動的存在顯示，市場的穩定與交易物品的健全，許多使用者毫無顧忌地用美元購買一些小東西，之後又信心滿滿地再度光顧。

這裡有明顯的界線區別真實與虛擬的經濟嗎？至少我並未發現。

入場券是遊戲貨幣嗎？如果「遊戲貨幣」指的是只存在於遊戲裡的貨幣，那麼答案是肯定的；如果指的是不具有任何美元價值的貨幣，那麼答案是否定的。

在這個例子裡，正確答案既是肯定也是否定，而且答案也只證明了「遊戲貨幣」的概念並不明確。入場券之所以存在，是因為它具有稅捐優勢。如果入場券可以存在，為什麼亞馬遜不能自行發行虛擬貨幣來進行交易？為什麼我們不能在任何時間使用遊戲貨幣？

最後：如果你買了完整一套《魔法風雲會》線上版數位卡牌，你可以支付公司一筆象徵性的費用，讓公司把你的線上卡牌作廢，另外寄一套印刷版的卡牌給你。因此，你可以用入場券跟別人交換數位卡牌，然後將數位卡牌換成紙卡牌，與人面對面地玩牌。

換言之，你可以使用遊戲貨幣（例如入場券）來購買真實的事物：《魔法風雲會》卡牌。

《魔法風雲會》經濟的虛擬價值正緩慢而無情地滲透到真實世界。

《星戰前夜》：美元可以直接買ISK遊戲貨幣

《星戰前夜》於二〇〇三年發行，是目前經營最久的線上遊戲之一。遊戲發生在一個野蠻的霍布斯[18]式環境裡，一群類似黑手黨的玩家（稱為「公司」）彼此進行著殘酷的戰爭，不屬於公司的人將成為砲灰。遊戲內容之所以如此設計，是因為《星戰前夜》的創立者是愛茵・蘭德（Ayn Rand）[19]的崇拜者，他們把自由、競爭與財產視為理想世界的基礎。

蘭德的理論在各方面都獲得《星戰前夜》經驗的驗證。在遊戲中存活的玩家就被認為是菁英，並擁有戰略智慧。遊戲中沒有規則、法律與法院，詐欺、脅迫與勒索全是可以使用的商業策略。在這個環境裡，有些公司爬升到頂端，得到權力來制定自己的法律。儘管公司與真實世界並無連結，但公司裡的玩家仍維持長期的信賴關係，而且往往持續數年之久。在毫無競爭限制的星系裡，能生存下來的人肯定能力超群。

從遊戲的意識形態來看，《星戰前夜》的設計者並未針對遊戲貨幣如何與真實金錢兌換訂下規定，並不令人意外。然而，《星戰前夜》推出時，遊戲產業曾對於這個主題有過激烈論戰：要讓遊戲玩家用遊戲金幣兌換美元嗎？還是一律禁止？

你多餘，我不夠，於是形成市場

絕大多數線上遊戲都有自己的貨幣：點數、金幣、達布倫幣等，有些玩家囤積了大量這類遊戲貨幣。他們也許擁有遠超過所需的貨幣，也許不想繼續玩下去，不管哪種狀況，有些玩家就是擁有多餘的遊戲貨幣。但在此同時，卻有一些玩家的遊戲貨幣太少，他們很需要或想要用遊戲貨幣購買更好的武器與裝備，來提升自己的力量。另外，有些玩家在真實世界較為富有，有些資深玩家則是擁有多餘的遊戲貨幣。於是，市場交易的機會出現了：如果缺乏美元的資深玩家可以把遊戲貨幣賣給有美元的玩家，就能構成雙贏的局面。擁有美元的玩家獲得更多遊戲力量，而資深玩家獲得更多真實世界的購買力。

交易的方式很簡單：資深玩家在網路上張貼出售遊戲貨幣的廣告（或許在eBay，或許在某個專門進行真實金錢交易的網站）。廣告上載明要賣哪種遊戲貨幣，以及賣的數量與價格。此外也載明送貨方式，例如「我收到一百美元支票後，我會在《卡美洛傳奇》遊戲裡的白色宮殿前跟你見面，我會在那裡把金幣交給你。」

《星戰前夜》誕生時，有些公司反對這種做法，有些公司則贊成；在下一章，我們會更仔細地

⓲ 編按：霍布斯是英國政治哲學家，提出國家起源說，此外也認為「人性的行為都是出於自私」，成為哲學與人類學重要觀點。

⓳ 編按：俄裔美國哲學家、小說家，她的哲學理論和小說開創了客觀主義哲學運動，強調個人主義的概念、理性的利己主義（「理性的私利」），以及徹底自由放任的資本主義。著作《阿特拉斯聳聳肩》曾在《紐約時報》一項讀者調查中，被列為第二具影響力的書籍，僅次於《聖經》。

討論真實金錢交易。至於現在，重點是，對於玩家用遊戲貨幣來交換真實貨幣的行為，《星戰前夜》感到相當滿意。《星戰前夜》的遊戲貨幣稱為ＩＳＫ，剛好跟冰島官方貨幣冰島克朗的縮寫相同。更妙的是，《星戰前夜》的開發公司ＣＣＰ，總部就設在冰島的首都雷克雅維克。

造太空船、採礦、運送……想玩得盡興，就得買賣

經濟一直是遊戲的核心元素。《星戰前夜》的星系廣大無垠；需要幾個小時的時間才能從星系的一頭到另一頭。玩家有數千顆恆星、數千顆行星與數萬個地方可去，要去這些地方需要太空船，而太空船經常會爆炸（通常是被其他玩家擊落）。為了在這個世界生存，就必須擁有一間機庫，裡面有數艘太空船。想維持艦隊規模不變，就必須不斷地購買新船。新船由玩家建造，並且在公開市場販售。

要建造太空船，需要藍圖與零組件。零組件包括防護罩、推進裝置、導航系統與槍砲。如果你想建造採礦船，你必須設計巨大的貨艙與強大的引擎。基本上就像卡車一樣。採礦船的速度慢，容易遭受攻擊，而且裝甲薄弱，但採礦船可以運送貨物。此外，你也可以建造偵察艦。偵察艦擁有高速引擎、適當防護的武器、一定程度的裝甲以及隱形裝置。或者，你可以建造巡洋艦：速度快、中等裝甲以及強大的魚雷、雷射與槍砲。總之，你可以建造各種種類的船艦。

要把一艘船與相關零組件組裝起來，你需要各種資源。基本的資源是岩石（礦石）。你可以在小行星帶找到岩石。對於新玩家來說，一開始最好的做法是取得一艘小採礦船，然後偷偷地前往小

行星帶採集礦石，然後再將礦石運回人口稠密的太空站販賣。獲利之後，你可以買更大的採礦船，然後重複先前的做法。或者，你可以買一艘大型貨船，利用市場，在行星之間運貨賺取價差。或許某區的某種礦石變便宜了，因為這一個星期以來，有礦工發現大量這類礦石。但這一區的造船廠懶得持續到出產礦石的區域運貨，他們只願意待在自己的區域買進較貴的礦石。看吧，機會來了！你可以在礦區買進礦石，然後運到生產區賣出獲利。你唯一要做的就是躲過海盜的襲擊，因為有些玩家會埋伏在運貨路線上，然後向你勒索過路費。

戰鬥、航行、商業技能，玩家自己選購想要的技能

如果擔任運貨司機有點無趣，那麼具有進取心的《星戰前夜》玩家可以直接從事套利活動。在這遊戲中，玩家想要進階時，可以選擇加強某種技能。學習技能需要時間，從五分鐘到十天不等；想學習技能，你只要點擊「學習技能」，時間一到，你就能擁有該項技能。許多玩家傾向於加強自己的戰鬥與航行技能，但遊戲也提供發展路線給喜歡從事商業的玩家。商業技能使玩家可以看見更多遠地市場的價格資料，進階的商業技能可以讓玩家在整個星系下買賣訂單。

對《星戰前夜》的商人來說（而且這樣的人數量很多），這個遊戲其實是不斷開啟各種試算表的過程，這些試算表上羅列著散布各地的行星系統裡的物品及價格。商人檢視這些試算表，尋找套利的機會，他們試著找出買價與賣價差異最大的幾個地方。[20]商人在相對低價處以略高於當地市價的價格下單，然後等候成交。一般來說，很快就會有人接下買單；此時，商人會發現自己買進了存

貨。然後，商人會在另一個比買價相對高價的地方以略低於當地市價的價格掛賣單。如果另一名玩家接下賣單，那麼商人就會獲得略低於買賣價差的利潤。

商業玩家在這裡玩套利

為什麼會出現套利的機會？因為絕大多數玩家專注於鍛鍊戰鬥技能而非商業技能，他們無法看見市場的全貌。他們也無法在星系各處下買／賣單，因為這只有具備高商業技能的人才能做到。因此，當一名戰鬥型的玩家（例如海盜）把大批擄獲的戰利品運回碼頭時，他以為這些東西只有一個價格，也就是商人出的買價。他的選擇只有一個，那就是當下趕緊賣掉他搶來的東西，否則他只能到不同的行星與太空站兜售，希望在被其他海盜幹掉之前，以更好的價錢將這些東西賣出。因此，許多海盜是拿了錢就走。

同樣地，一名尋求快速升級槍砲等級的海盜進到太空站時，只會注意想購買的少數幾件物品，而且會依照當地的市價購物。許多人都是買了就走，他們專注的是戰鬥而非價格。相反地，進到太空站的商人，總是要觀察所有商品的買／賣價格，並且與鄰近行星系統的價格做比較。這些資訊唯有商人才能看見，他們因此有機會從中得利。

《星戰前夜》的開發者故意設計出這種套利機會，他們只讓習得必要技能的人看見這些限制的貿易資訊。這種設計使《星戰前夜》成為最具市場導向的遊戲。玩這個遊戲時，你必須到遊戲的市場裡買賣東西。遊戲裡所有的東西都可以用ISK購買。而ISK可以從遊戲中賺取，也可以向其他玩家購買。新玩家花十、二十乃至一百美元購買ＩＳＫ，再用ＩＳＫ建造從事戰鬥與運送的艦隊，以求生存，這是相當常見的事。ＩＳＫ的買賣一直持續了許多年，中間未曾出現嚴重的崩跌或飆漲。《星戰前夜》的ＩＳＫ在許多方面跟真實貨幣沒什麼兩樣。

真實世界的ＩＳＫ（冰島克朗）的維基百科頁面甚至包括了一段消歧義的陳述：「已重新導向自『ＩＳＫ』。關於《星戰前夜》線上遊戲，詳見《星戰前夜》線上遊戲#經濟。」7

《星戰前夜》顯然是了解市場的人設計的。絕大多數的線上遊戲都需要買賣東西。通常需要走到非玩家人員或賣東西的小亭子前面，這些人員與亭子上會標著商人或類似的名稱，點選這些人員與亭子，你就能進行買賣。在《星戰前夜》裡，（對商人）這麼做時，他會給你一張清單，上面列著很多還沒執行的買賣訂單。你可以追溯一段時間的價格，並且觀察不同時段的移動平均線。你的螢幕看起來會像華爾街交易員或套匯經紀人的螢幕一樣。這些都是真實而直接的市場。

用虛擬貨幣來洗錢，警察就頭大了

ＩＳＫ對美元的自由交易，創造出與真實經濟的接觸點。我們沒有理由反對以ＩＳＫ的形式來擁有財富，也沒有理由認為，一定非得將財富轉換成真實貨幣不可。ＩＳＫ可以用來洗錢：用骯髒

⑳經濟理論認為這種狀況不可能存在，就算有，也不可能長期存在，因為最終商人會介入，他們買低賣高，將價差消弭於無形。這裡的關鍵字是「最終」。在《星戰前夜》裡，「最終」代表的時間可以是幾小時或幾天，這時間已足夠讓人介入並從中獲利。

的美元購買ISK，再用ISK購買乾淨的美元。唯一的限制是規模大小。

在鼎盛時期，《星戰前夜》的玩家人數大約三萬人。就某個意義來說，這個數量很大：想像一整個城鎮的居民「生活」在網路空間裡，而這個網路空間複製了真實的太空環境。而且他們一天二十四小時，一週七天無休地進行著。《星戰前夜》沒有停機的時候。但就全球的規模來看，三萬人實在太少了。

《星戰前夜》是小而美的線上遊戲空間範例，設計者殫精竭慮才創造出這麼一個自由空間。它是崇尚自由者的天堂。幾乎每個重要玩家經驗都來自於自由市場。所有的玩家組織完全都是突發的，單純由自由人之間達成協定，並同意以某種方式行動。整個社會系統只由系統內部的人來運作。《星戰前夜》強烈表現出某種特定的生活願景。它告訴我們未來的線上生活，將呈現出各種社會願景：社會主義的、宗教的、科技導向的、文學的。每個社會願景各有一套接觸市場的方式與自己的貨幣。

臉書：未來，賺進的虛擬貨幣可以買漢堡薯條！

臉書是一個巨大的社群網站，因為電影《社群網戰》（The Social Network）而變得更加知名。我說「巨大」，意思是指臉書目前有許多活躍用戶，二〇一三年，臉書使用者已超過十億人，而且還在增加當中。㉑如果臉書是個國家，那麼它可以算是大國。美國大約有三億兩千萬人。中國與印度都超過十億人口。臉書的「人口」足以讓俄國、巴西與印尼這些國家相形見絀。如果臉書真的出現巨大變動，將會影響許多人。

臉書究竟是什麼？臉書一開始是新生介紹手冊的數位版本，美國有些大學會在新生入學時印製這些手冊給新生。新生剛進學校，對一切都感到陌生。有了手冊會方便許多，因為手冊上有新生的姓名與照片，你可以查閱你在迎新會上看見的那個帶著微笑的傢伙叫什麼名字。

簡單說，臉書是功能更強大的通訊錄，其附加功能來自於數位科技的特性。在數位科技的協助下，詳細資訊的建立變得更便利，例如家鄉、社團、興趣與評論。數位科技讓這些分類更容易連結起來，它能顯示誰是誰的朋友，誰屬於哪個社團，或誰分享了什麼評論。

㉑編按：二〇一七年六月二十七日ＦＢ創辦人馬克・祖克伯（Mark Zuckerberg）表示：目前ＦＢ的活躍用戶有20億。

此外，要嵌入各種資訊如聲音、影像、圖片與應用程式都不難。要在臉書傳遞訊息也很容易。重點是，以上這些事都可以由臉書使用者自行處理。

臉書本身並不產生內容，只是一個供人貼文與連結的平臺。貼文與連結都是臉書的內容；這些資訊對臉書使用者來說是有價值的，而這些價值會循著網路經濟原則而不斷提高。[8]第一個電話發明出來後，還無法產生用途，等到第二個電話出現，不僅具有價值，也能賦予第一個電話價值。第三個電話可以為第一個與第二個電話增添價值：你可以打電話到兩個地方，而不只是一個地方。其他以此類推。當物品的效用取決於有多少人擁有這項物品時，那麼越多人擁有這項物品，該物品對每個人的價值也會提升。臉書的性質就是如此。使用者上傳、標記、連結與寫下的訊息，對網站上所有人來說是珍貴的資訊。

即使你想取消，臉書帳號依然存在

當然，臉書也有局限。臉書表示它有十億個「活躍用戶」，對此我想提出一點小小的看法，給大家參考。二〇〇七年，我首次加入臉書，臉書標榜自己是供大學生使用的半排他性網站。具前瞻性且精通科技的教授（基本上指因年紀太大而無法被稱為宅男的人）應該相當適合加入這個網站。然而，幾個星期之後，我了解到兩件事。

首先，臉書創造出大量額外的事要做。當你與更多人有更緊密的連結時，這些人就會占去你的時間，你就有更多的事要做。

其次，臉書希望使用者盡可能上傳自己的資料，包括自己想公布與朋友想知道的一切資訊。臉書的用途通常是商業的，但其中也有社交名聲問題。假使我在系上的慶祝會裡喝太多酒，有「朋友」趁我頭上戴著燈罩時拍了一張照片。「朋友」把這張照片放上他的臉書，標記我的名字，然後下了好笑的標題：「泰德在耍白癡！！！」此後，這張照片將出現在我臉書的相簿裡。當然，在臉書出現之前，網路上就已經出現這種現象，但臉書讓建立個人網站的核心元素（照片、評論、連結）變得極度容易。

最關鍵的是，當我發現臉書的會員資格幾乎會被「朋友」永無休止地記錄時，我決定退出臉書。但這並不容易，你無法取消你的臉書帳號。它是免費的，所以你無法藉由停止付費來取消帳號。你可以在網頁上按下「停用」帳號，但這無法刪除你的臉書頁面，你還需要打電話給臉書的客服人員才能做到。

即使如此，臉書還是會不斷地找上門；你遇到的每個人都會寄出臉書信件，邀請你成為他們的臉書朋友。終於，在二〇一一年，在經過多年的抵制之後，我屈服了。因為有個遊戲以臉書應用程式的形式發行，想玩這個遊戲就必須加入臉書。返回臉書之後，我驚訝地發現，二〇〇七年的頁面原封不動地留存到二〇一一年。我用相同的使用者姓名與密碼登入之後，我的歷史網頁竟然完好如初地出現。就像數位的李伯（Rip Van Winkle）[22]一樣，我的網頁上還留有四年前朋友寄給我的邀請，

[22] 譯按：李伯是《李伯大夢》的主人翁，他在山中睡了一覺，醒來之後發現山下已過了二十年。

依然耐心地等候我的回應，彷彿我的帳號從未消失過。

臉書所謂的「活躍用戶」是指擁有帳號的人。[9]臉書網站宣稱，每天有超過五成的用戶登入使用臉書。即使如此，這些登入者的使用方式各異，有些只是進來玩幾分鐘遊戲殺殺時間，有些則是靠臉書維持社交生活。據說現實上已經出現不少「臉書疲勞」的例子，人們透過臉書突然與數十年前認識的人連繫上，然而這種狀況有時令人感到困窘，而且也越來越讓人感到厭倦。社群網路創造出連結，而連結需要時間與精神維護。臉書雖然影響了每個人的生活，但這些影響有其局限。

臉書的另一項局限是，它並非通行全球。如果你恰好生活在流行臉書的國家，你會以為全世界的人都使用臉書；但網路就跟語言一樣，也會產生抵抗的高牆。在巴西，許多人仍使用歐庫特（Orkut），歐庫特出現的時間比臉書還早；中國最大的社群網路是QQ空間，臉書在中國是禁用的；在俄羅斯，V連結（V Kontake）的使用人數超過YouTube、谷歌或臉書。[10]

想買臉書的虛擬商品，得付錢！

以下的討論將讓我們了解一項事實：臉書是一個經濟體。臉書擁有生產、市場、貿易與貨幣等部門。這些部門的運作主要靠臉書的應用程式帶動，開發者藉由科技讓應用程式以臉書做為平臺。臉書上的遊戲應用程式可以讓用戶「生產」出數位紅蘿蔔，其他人則可以買這些胡蘿蔔來「餵」他們的數位兔子。每一項要素都以極平常的方式運作著。

真正「不」平常的是，十年內出現了全新的十億人經濟體。這在歷史上不常出現，經濟學家不確定過去是否曾發生過這種現象，但也不確定它是否現在已經發生。臉書雖然是貨真價實的經濟體，但也許不會發展出舉足輕重的地位。一切都還在未定之天。臉書是個虛擬經濟，就像其他虛擬經濟一樣古怪地正常，但經常產生很多難題。

讓我們從貨幣談起。二〇一〇年，臉書有貨幣，稱為臉書點數或「cc」。臉書沒有公開市場讓cc兌換美元，因為臉書不允許用戶彼此之間移轉cc。不過，你可以付錢給臉書購買cc，一美元可以買十cc，你可以在臉書的應用程式與遊戲裡使用cc購買虛擬商品與虛擬貨幣。當時，開發與擁有這些應用程式與遊戲的人認為一cc的價值大約相當於七美分。也就是說，臉書向用戶收取的價格是一cc十美分，但向開發者買回時，一cc只需付七美分。[11] 臉書禁止用戶之間交易cc；此外，在臉書應用程式中獲得cc的人，也不能提供任何有形的物品或服務給對方。為了確保這項規定能確實履行，臉書保留了可單方面將開發者踢出臉書cc系統的權力。

這一切都在二〇一二年六月結束。**臉書沒將cc轉變成真實的貨幣，反而選擇另創支付系統。臉書應用程式的使用者，必須使用真實的貨幣購買虛擬商品。**

臉書只是針對真實貨幣買賣進行管理。臉書獲得用戶的支付資訊並收取費用，然後將相應的虛擬商品或貨幣的數量，撥進用戶的帳號裡。臉書支付真實金錢給應用程式開發者，同樣是向用戶收取一美元，但支付給開發者時是七十美分。支付的結構還是一樣，但已經沒有在平臺內使用的專屬貨幣。平臺只是做為各地真實貨幣與虛擬貨幣及物品之間進行交易的中介。因此，不需要cc做為各種貨幣的中介，數位系統就能做到這一點。

玩家付錢買遊戲，臉書和開發商三七分帳

以下是臉書遊戲運作的例子。假設我開了一家鮑伯遊戲公司，開發許多數位遊戲，銷路最好的遊戲是《穀倉場》。在《穀倉場》裡，玩家扮演雞的角色，你必須到處奔跑啄食地上的小種子，並且躲避野狼的追逐。你啄得越多，雞就會變得越強壯；當你變得超級強壯之後，就可以啄食更大的食物；起初是更大的種子，然後是其他的雞；到了某個階段，就可以啄食野狼，然後是農莊，然後是城鎮。每當你啄食更大的東西，你就會變得更有力量，讓你可以啄食比先前更大的東西。當然，為了讓遊戲吸引人，遊戲提供了更大的掠食者，讓你越來越難躲避。到了遊戲的最後一關，你可以啄食整個大陸與行星，並抵擋巨大外星生物的攻擊，直到你的雞成為宇宙的主人為止。

從開始到最後，《穀倉場》需要花上幾個星期才能破關。你若想從一隻弱小的羅得島紅雞，長大成為最後的宇宙超級雞，必須不斷地啄。這看起來是件單調的苦差事，但卻讓人感到有趣。我們公司的人很了解這一點。我們故意把遊戲設計成這個樣子，因為有些人想成為宇宙超級雞，但不想花那麼多工夫不斷地啄食，他們會願意付錢來加快啄食的速度。

我們免費提供遊戲，讓人們迷上啄食與成長的過程，也會給玩家一點小小的激勵，例如超級雞飼料可以讓你啄食時增加的力量是原先的兩倍。我們讓玩家可以建造更好的穀倉場，外面圍起更堅固的圍籬，讓野狼不容易闖入；讓玩家可以設定小雞處於自動啄食的狀態，雖然小雞成長的速度會變慢，但玩家沒有登入時小雞還是可以持續成長。到了最後，我們也讓飼養出巨大雞隻的玩家，可以送禮物給雞隻還很弱小的玩家，讓他們擺脫困境。

對鮑伯遊戲公司來說，臉書是個很棒的平臺。我們把《穀倉場》放上臉書，然後利用朋友功能來決定誰可以把穀倉場送給誰。我們也在遊戲裡建立市場，發行貨幣「啄幣」，並且讓玩家可以使用啄幣來買賣各種種子；設計了各種顏色的雞種，而且讓玩家可以同時飼養好幾隻雞，但每一種雞需要不同的種子。玩家可以種植種子，但每個穀倉場只能種植一種種子。所以，如果你想飼養不同種類的雞，你必須自己種植不同的種子，然後將多餘的種子賣出換取啄幣。然後你再用啄幣購買需要的種子。或者，如果你想讓小雞長快一點，你可以直接向我們購買啄幣。

如果把遊戲掛在臉書上，這就表示你無法直接向鮑伯遊戲公司購買啄幣，你只能向臉書購買啄幣。我們在二〇一二年年初發行《穀倉場》時，你必須先向臉書購買臉書點數，然後再到我們的店裡，用這些點數購買啄幣與其他你需要的虛擬商品，例如種子、小雞與穀倉場。現在，你可以直接向臉書購買啄幣，然後在我們店裡花用。這兩套系統的運作方式是一樣的：**臉書拿到美元，你拿到虛擬商品，我們拿到你支付給臉書的七成金額。**

大約一個月一次，我們會與臉書結清我們的營收餘額。上個月，我們從愛雞人手中收到了十萬啄幣，這代表：玩家花了一萬美元購入這些啄幣，臉書扣除服務費之後，我們拿到了七千美元；玩家拿到十萬啄幣，並且從《穀倉場》遊戲中得到樂趣；臉書則淨賺三千美元。

官方數據看不到的交易

大多數的臉書應用程式運作模式都跟我們一樣。它們提供一些虛擬商品或服務，然後收取真實金錢，這些錢交給了臉書，臉書再把金額的七成轉交給開發者。值得注意的是，臉書應用程式內部產生的經濟活動，並未計入真實世界的官方經濟數據之中。真實世界只看見網路公司報告所得一萬美元與支出七千美元，遊戲開發公司所得七千美元。

但是，啄幣、種子、雞與穀倉場升級，外在世界完全沒看見這些東西。然而這些東西的經濟價值，遠超過付給臉書系統的一萬美元。用戶支付一萬美元以取得某些虛擬商品，但用戶還取得其他免費的虛擬商品。回想一下，在《穀倉場》裡，你可以什麼東西都不買，依然能讓小雞長大。任何人都能在不花一毛真實金錢的狀況下，養出一隻宇宙超級雞，而這隻雞是有經濟價值的。在遊戲裡，它的價值是以啄幣表示，但它也可以輕易以美元與日圓表示，這個價值是存在的。

等等，鮑伯遊戲公司的虛擬雞有價值？是的，它們當然有價值。它們可是耗費人的時間才產生出來的，其價值來自於用戶。虛擬雞具有持續性，它們的價值比起吃掉就沒價值的起士、漢堡，還能多持續幾個星期。臉書經濟裡也提供了有價值的服務，例如縮短人們做某件事的時間。即使用戶做的事只是養一隻沒有形體的雞，這不表示這種服務在經濟上毫無意義。

人會嘗試做各種奇怪的事與接受各種奇怪的服務，我們不能因為這些事情與服務很奇怪，而將它們排除在國民會計帳的統計之外，中央統計局並沒有特別區隔古怪與常態經濟。每年，美國人會花上數十億美元購買印有某個運動隊伍標誌的T恤與帽子。他們只是買了一件紅T恤，卻願意花遠比一件上面印有I與U交扣在一起的紅T恤（這是我的大學校徽，我自己就買了一件穿在身上）更貴的價錢購買。我們並不是主張，要把IU校徽繡在T恤上的成本剔除在國內生產毛額之外。

經濟學家的工作，不是宣告產品與服務是否合理或有意義，而是記錄人們買了什麼，以及產業花了多少時間與金錢，才能提供這些東西。從這一點來看，**臉書內部存在著一個未被觀察、未受管制、未遭課稅與未經管理的隱藏經濟體系**——除了臉書本身。

驚人！臉書的虛擬經濟規模可能有六十四億美元

如果臉書只是一個小遊戲，那麼不會有人在乎這個經濟體系。想想大富翁吧，它是世界最受歡迎的遊戲。與臉書一樣，它有貨幣、市場與商業；而且也與臉書一樣，大富翁全是虛擬的。為什麼大富翁遊戲沒有引發人們的注意呢？首先，大富翁有四個人玩，可以玩一個小時。它的時間不是很久，遊戲結束時，你賺來的錢與你購置的資產立刻失去了價值。大富翁的規則不允許你將上回累積的金錢與資產帶進新遊戲，也禁止使用皮夾裡的美元購買遊戲裡的東西，資產也不能用來交易遊戲以外世界的東西，而且大富翁的世界只是曇花一現。

臉書就像十億人玩的大富翁遊戲，只是這個遊戲是無止盡的。資產會留存下來，而且用戶可以直接或間接地用臉書的資產，換取真實世界的資產；臉書的金錢可以換取美元；臉書用戶購買的虛擬商品與服務，可以存在數年之久。

唯一的問題（我們還是要再問一次）是，臉書是不是一個重要的經濟體。沒有人（據我所知）估算過它的價值，唯有臉書才做得到；唯有臉書公司可以精確估計，臉書裡所有交易的物品與服務的總價值。我們的確有臉書從虛擬商品銷售獲得的營收估計數字：二〇一二年，估計大約有八億美元，而且仍快速增加當中，[12]但這個數字代表的只是貨幣供給的成長而已。二〇一〇年，美國貨幣供給大約一．八兆美元，但同期美國經濟卻生產了十四兆美元以上的新產品與服務（即國內生產毛額）。[13]**換言之，國內生產毛額幾乎是貨幣供給的八倍。如果這個比率也能適用在臉書經濟上，那麼八億美元的貨幣供給就表示臉書的生產毛額有六十四億美元。**

巴貝多（Barbados）㉓的國內生產毛額大約四十億美元。[14]因此臉書現在的經濟規模大約等同於一座美麗的小島，但與小島不同的是，臉書經濟可以成長、成長、再成長。

然而臉書常態性的古怪也開始影響真實經濟。臉書的服務條款嚴格禁止用戶以有形的物品換取虛擬的物品。這裡的「有形」，指的是可以透過身體搬運交給消費者的東西。但是，「透過身體」指的是什麼？指必須使用肌肉嗎？事實上，你可以運送數量相當龐大的東西給消費者，卻又不需要使用肌肉。二〇一一年三月，華納兄弟（Warner Brothers）宣布要透過臉書出租電影。[15]同年八月，米高梅（Miramax）也宣布跟進。[16]

也是在二〇一一年，臉書提供一項好康優惠（Deals）新服務。使用智慧型手機上臉書，好康優惠服務就會提供你當地商家的促銷清單。只要你參加促銷活動，結帳時將手機秀給店員看，就能得到八折或買一送一的優惠。臉書起初免費提供這項服務給店家，但我們可以想像臉書的長期計畫也許另有盤算。無論好康優惠計畫怎麼發展，它勢必要搭配臉書支付系統才能發揮促銷的功能。

我們在臉書上賺進的虛擬貨幣可能成為購買漢堡薯條、換油與購買肥皂的另一種支付形式。沒有任何東西比漢堡薯條更真實，尤其是有超過十億人點漢堡薯條時。

㉓編按：是位於加勒比海與大西洋邊界上的獨立島嶼國家。

維爾福遊戲開發商：可能把虛擬貨幣拿來當成美元用

最後一個例子是電腦遊戲開發商維爾福（Valve）開創經銷通路「斯地敵（Steam）」。

二十一世紀初，維爾福面臨如何快速更新遊戲的難題。電腦遊戲是軟體，它總是需要改善才能在市場上立足。在網際網路普及之前，遊戲軟體開發的標準模式是「射後不理」，也就是說，軟體開發到一定程度後，就拿出來販賣。軟體未被市場接受，就是完全失敗，就算需要改善，也是等到遊戲的下一個版本再改，而下一個版本也是遵循相同的開發販售流程。當時並沒有除錯或定期更新程式這種事。

隨著網路遊戲如《網路創世紀》（Ultima Online）與《無盡的任務》（EverQuest）的來臨，「射後不理」的營運模式面臨改變。網路遊戲只存在於伺服器裡，由遠端的玩家透過用戶端的電腦來玩。伺服器裡的遊戲隨時都可能變動。如果變動對用戶端造成影響，例如造成art檔或遊戲規則更動，就必須在伺服器裡創造修正檔（稱為補丁）。用戶端就可以根據新的內容與規則而更新。遊戲在開發與推出時，一開始總是會充滿錯誤，因此推出後必須不斷地進行補丁與改善。

維爾福有一款最受歡迎的線上遊戲，這是一款多人射擊遊戲，叫做《絕對武力》（Counter-Strike）。這是一個相當小型的遊戲，規則、影像資產、武器與地圖都不多，要讓這款遊戲維持新意，必須不斷引進新的地圖與特色。這需要經常提供補丁給所有玩家的電腦，因此維爾福必須建立補丁協定，於是在二〇〇二年推出斯地畝補丁系統，主要目的就是為了滿足《絕對武力》玩家的需要，在當時，《絕對武力》的玩家達到數十萬人。

由於維爾福推出了數款線上遊戲，因此斯地畝就成了提供所有玩家遊戲碼與遊戲資產的總系統，而斯地畝也適合用來做為新遊戲的數位經銷平臺。玩家不僅可以利用斯地畝取得他們已經擁有的遊戲的新內容，還能獲得新遊戲的檔案。二〇〇五年，斯地畝開始推出其他人開發的新遊戲。

為了讓遊戲可以在斯地畝上販售，而不只是免費提供，維爾福公司因此為斯地畝增添了支付系統。斯地畝因此成為能一次購足的商店，你可以在此購買新遊戲，也能取得手中遊戲的補丁、修正檔與擴充版。此時，遊戲也跟電影與音樂一樣，走向數位經銷模式。有了斯地畝，就不需要再跑到購物中心或上亞馬遜網站。我只要登入自己的斯地畝用戶端，瀏覽我想玩的遊戲，並且點選「購買」。不需多久時間，遊戲就下載完成，就可以在我的電腦上執行。斯地畝變得極受歡迎；當我在二〇一三年初寫作本書時，已經有五百七十萬人使用斯地畝。

用戶動腦筋賺錢，平臺等著分一杯羹

到二〇一〇年為止，斯地畝仍是一家建立經銷平臺與販賣數位內容，以取得真實金錢的公司，至此，斯地畝並無任何古怪之處。

現在，思考一下斯地畝工場（Steam Workshop），這是維爾福在數位經銷上的最新發明，目的是銷售用戶原創內容（User-generated content, UGC）。用戶原創內容是線上遊戲的元素之一，它存在的時間就跟虛擬貨幣一樣長久。

最早的用戶原創內容是以遊戲模組（mods）的形式呈現，也就是用戶對遊戲進行修改。一旦用戶修改了遊戲，產生的遊戲模組就能送人或賣人。有些遊戲演變成龐大的修改者社群，他們設立網站，提供數千種遊戲元素供人自由使用。遊戲模組也許牽涉到新的規則、新的配備、新的地點或新的人物。還有些遊戲是因為用戶原創內容修改後才大為風行，《模擬市民》系列（The Sims）就是因為它容許玩家創造新東西並分享這些成果，才使它風行一時；《第二人生》（Second Life）更是完全由用戶原創內容建造的線上虛擬世界。維爾福的《絕對武力》其實本身是維爾福推出的另一款第一人稱射擊遊戲《戰慄時空》（Half-Life）的遊戲模組。

從產業的觀點來看，用戶原創內容唯一的問題是如何賺錢。

如果一家公司建立一個平臺讓用戶開發內容，那麼這個平臺要怎麼獲利？如果你是臉書，你可以靠著廣告與販賣大量的用戶個人資料來獲利。對遊戲公司來說，這些選項都不是那麼有利可圖，廣告會打斷玩家的興致，而且遊戲公司一般來說無法充分掌握玩家的消費偏好。如果有公司想主張它對用戶原創內容擁有所有權，那麼內容的泉源馬上就會枯竭。內容的泉源必須越大才有價值；根據經驗法則，用戶原創內容九九%都是垃圾。

從開發商、銷售平臺，進化到金融服務公司

那麼，一家公司要如何從它的遊戲所觸發的用戶原創內容來獲利？

斯地畝工場的模式如下：用戶可以任意對斯地畝系統上的遊戲進行修改，他們可以把這些資產貼在斯地畝工場的頁面上，其他用戶可以瀏覽、過濾與選擇他們想要的內容。當用戶選擇新的內容，斯地畝系統就會立刻將這個內容嵌入用戶在系統的遊戲資料裡。你不只是在斯地畝工場選擇內容，你也「訂閱」了斯地畝工場。如果未來原來的開發者更新了內容，那麼斯地畝也會自動更新你的遊戲檔案以反應變化。換言之，斯地畝工場把用戶原創內容，轉變成另一種形式的補丁與更新，差異只在於內容來自於其他用戶。

維爾福公司的這項創新的意義，不是技術上的，而是財務上的。

斯地畝工場有第二個特色，那就是市場。當用戶選擇了斯地畝市集（Steam Market）的某個用戶原創內容時，他會支付真實金錢來購買它，而真實金錢來自於用戶的斯地畝錢包（Steam Wallet）。從用戶的帳號頁面就可以進入斯地畝錢包；你可以授權信用卡付款來增加斯地畝錢包的金額，也可以在實體商店如百思買（Best Buy）購買斯地畝錢包碼，就能為斯地畝錢包加值。

斯地畝錢包裡的金錢可以用來購買遊戲或遊戲裡的物件，但你無法取回裡頭的金錢。根據斯地畝訂閱者協定的條款，你對「你的」斯地畝錢包裡的錢沒有所有權。這筆錢一旦移轉到你的斯地畝錢包裡，就成為整個虛擬貨幣的一部分，不受美國政府管理，而是由維爾福公司管理。

一九九〇年代，維爾福是電腦遊戲開發商。現在，它成了金融服務公司。

當你在斯地畝工場購買用戶原創物品時，錢就從你的斯地畝錢包流出去。這筆錢到哪兒去了？你付錢給維爾福公司為你的斯地畝錢包加值，所以實際上維爾福手上擁有你的錢，不管你是否買了用戶原創物品。但在同時，維爾福不會保留全部金額，它會支付一部分金額給創造內容的人。維爾福會將真實金錢餘額從自己的帳號，轉移到創造者的帳號，而只要物件在斯地畝工場的市場裡售出的次數越頻繁，維爾福轉移金錢的次數也就越頻繁。

如果有人創造了受歡迎的虛擬商品，他可以賺進一大筆錢。

根據維爾福公司的報告，有些創造者因為販售自創的內容而賺了大錢。[17]在維爾福成功從個人電腦打進數位內容市場之後，打算開拓更大的市場，因此準備設立自己的電視頻道，顯然希望在電視節目上獲得佳績。

目前，斯地畝錢包裡的錢只能用來購買斯地畝網站上的內容。

然而，一旦網路從電腦延伸到電視，可以購買的物件數量與種類，未來將沒有真正的限制。

從技術上來說，人們的確可以用斯地畝錢幣（Steam Wallet Dollars, SWD）來購買亞馬遜網站上的東西。同樣地，人與人之間當然可以以服務來換取斯地畝錢幣。我可以利用空白的用戶原創內容來為自己打廣告：我可以幫人割草地，每次二十斯地畝錢幣。沒有實務上、技術上或法律上的限制，可以阻止斯地畝錢幣像美元一樣供人使用。維爾福的商業模式尚未看到這一點。維爾福未來十年的計畫是什麼，我們不得而知。然而我們知道，這家公司確實讓數位行銷創新往前邁進了一大步。

以上四個例子的發展模式，全部都能用經濟與商業理論來解釋。這些為了獲利而提供商品與服務的網路公司，傾全力運用現有的科技，希望增添買氣並從中獲利。在它們的努力下，市場的確開展了，而交易也滾滾而來。

但是，在這些尋常的活動底下，隱藏著一些奇怪的醜小鴨。從未被交易過的無形物品，卻被認為擁有經濟價值。有些人的專業訓練與背景，完全與銀行無關，而且明明從事的是娛樂事業，結果反而經營起龐大的貨幣與金融系統。而顧客忠誠度計畫的紅利點數，也被列在資產負債表上。在數百萬人的參與下，社群網站成為永無休止的遊戲，而他們使用的遊戲貨幣，也因此如同真實金錢一般。常態與古怪的混合，值得令人深思。我們不禁懷疑，這裡面有任何真實存在的東西嗎？

第二章

從大麥、鹽巴到屠龍點數，貨幣形式誰說的算？

人們曾經用大麥買駱駝、拿鹽巴換食物，現在也有企業發行紅利點數，讓人換贈品或折扣。只要能被使用者接受做為支付工具，貨幣可以是千奇百怪的有形或無形的東西。

多數人用來交易的就是貨幣，自有一套運作規則

人們總是抱著錯誤的想法，認為某些貨幣是「真實」的，某些貨幣則是「假」的、「遊戲的」或「虛擬的」。其實，貨幣的價值取決於人的想法，但人的想法並非「真實存在」的。即使像黃金這種在文化上深植人心，許多人相信它具有一定價值的物品，也只是因為人們「認為」它有價值，因此才能當成貨幣使用。有些物品因為性質的關係而被當成貨幣，有些物品則只能充當商品，這種性質上的分化，早在人類歷史初期就已開始。

此外，過去的貨幣，尤其是「真實」的貨幣（大多數人眼中的真實貨幣指的是國家支持的貨幣），要比現在的貨幣真實得多，例如金屬塊，至少它看得見、摸得著。現在的貨幣是由資料庫裡的條目㉔構成的，條目本身並無獨立的價值。現在的貨幣之所以有價值，只是因為政府說我們必須相信它有價值。

雖然貨幣總是在社會的期望中出現，但它絕對不是短暫存在或消極被動的，它其實對人類事物有著強大的影響力。我們都不難感受到有一隻看不見的手在移動著，而且顯然沒有任何事物能阻止它。在線上遊戲裡，設計者可以完全控制所有事物，即使如此，貨幣還是有自己的一套運作規則，有時還會為經濟管理者帶來驚嚇。虛擬貨幣看似詭異，實際上相當尋常。

社群媒體與遊戲貨幣其實與一般貨幣無異，差別只在於它是最新的貨幣表現形式。

過去，人們用大麥來買駱駝與袍子

當人們想到貨幣的起源時，通常會想到紙幣取代金屬貨幣的歷史過程——紙幣背後僅僅只有一個支持者，那就是國家。但實際上，貨幣的起源不只如此。

人類的商業可以回溯到數千年前。石器時代的考古挖掘發現的石頭與貝殼，往往來自於數百英里遠的地方。除了貿易，還有什麼原因能讓人類運送這麼遠的距離？[1] 在某個時刻，人類開始把某一項物品當成「特定的」物品，透過這項物品來計算與衡量其他所有物品。像「舍克勒」（shekel）㉕這個字，現在我們知道它是一種貨幣形式，但最初它是一種重量單位。「英鎊」（pound sterling）一開始也是一種重量單位。

換句話說，事物的價值都以某個特定事物的重量為單位來衡量，例如大麥用舍克勒來衡量，而銀則用磅來衡量。

起初，大麥只是人類以物易物的眾多商品之一。漸漸地，大麥成了表現兩種不同物品價值的基礎單位。舉例來說，一頭駱駝的價值大約等於十二蒲式耳㉖的大麥，但一件袍子可能只值一蒲

㉔指銀行資料庫裡存款戶戶頭上的數字。

㉕編按：古希伯來與巴比倫的貨幣。一舍克勒可換算為十一至十二公克。

㉖編按：是容量及重量單位，約三六・四公升，主要用於農產品的度量。不同農產品對蒲式耳的定義不同，一蒲式耳大麥約二一・七七公斤，一蒲式耳玉米約二五・四公斤。

式耳的大麥。最後，大麥做為貨幣雛型，成了人們在絕大多數交易上實際使用的支付物件，也就是說，人們不會用十二件袍子來交換一頭駱駝，而是用大麥來交易駱駝與袍子，並且用大麥來補足交易的差額。「舍克勒」原本是大麥的重量單位，之後卻成為表達事物價值的常用詞。

大麥為什麼被金屬貨幣取代？

人類史前時代進行交易的各種事物中，只有少數幾件能繼續充當貨幣。駱駝、大麥與指環偶爾可以當作貨幣使用，但沉重金屬擁有的特徵，使其更為普遍。因為，黃金很罕見，很少的數量就能表現巨大的價值。一頭駱駝換得的黃金，你可以放到口袋裡帶走，但換成十二舍克勒的大麥，你不可能徒手搬運。

我沒有試過用一整批穀物來進行交易，但我想那絕對不是很符合效率的事。穀物上面無法做標記，當然你可以標記裝運穀物的袋子或容器，但穀物可以跟袋子或容器分離；此外，穀物雖然可以長時間儲存，卻可能被蟲子吃掉。至於駱駝，需要餵食才能維持牠們的價值，而且每一頭駱駝的價值不盡相同，我的駱駝也許比你的駱駝更值錢，至少在牠生病或受傷或脫隊前是如此。**金屬貨幣完全沒有這些缺點。金屬貨幣可以壓印、鑄造，而且不易敗壞。它們不會腐壞或被吃掉。**

沉重的金屬貨幣「缺少」的是實際用處。大麥非常有用，它可以製造麵包供人食用，可以製造啤酒供人飲用。黃金不能吃，也無法蒸餾成酒。黃金太軟，無法製造出好的刀刃。你可以把黃金塑造成器皿，但其他物質比黃金好用得多。對鐵器時代文明來說，白銀的世俗用途相對較少。用來當錢的金屬，不僅珍稀沉重，而且絕大多數用來裝飾。它們的價值一直是象徵性的。因此，就某個意義來說——**虛擬貨幣的歷史可以一路上溯到這些沉重的金屬貨幣上。黃金與白銀跟虛擬貨幣沒什麼兩樣，因為它們的價值與有形的用途沒什麼關係。**

當貨幣存在之後，國家的重要功能就是控制貨幣價值。國王會取來大量的金屬，將它們熔鑄成一塊塊圓盤。圓盤上鑄印著官方認可的符號與價值，官方印記也會擔保圓盤的重量。這麼做有其必要，因為一旦金屬變成貨幣，貨幣可能會被熔化重塑，有時成色會變得較輕，金屬貨幣的品質可能因此降低。

比如說，民眾可能會「修剪」錢幣，將錢幣邊緣削除一點下來。小小的修剪不容易被發現，下一個人拿到錢幣時，會以為錢幣的重量一樣。然而，從許多錢幣修剪下來的碎屑，就可以收集起來熔鑄成新的錢幣。這會造成金屬貨幣的品質降低，貨幣的流通量卻增加。但是，貨幣數量一增加，每單位的價值就會下跌。當局通常都會反對這種做法，因為這麼做會降低貨幣的價值。因此，許多錢幣會在邊緣壓印出花邊，目的就是為了防止有人剪邊，破壞貨幣的市場價值。

劣幣驅逐良幣的由來

數個世紀之後，當以貨幣為基礎的貿易量增加時，可以明顯看出，貨幣宛如社會性的動物，有自己的生命。

十六世紀英格蘭財政家湯瑪斯・格雷欣（Thomas Gresham）指出，如果市面上流通著兩種形式的貨幣，民眾不管拿到哪一種貨幣，都必須接受它們有相同的兌換價值，那麼到最後，市面上將只剩下一種貨幣，也就是實際價值較低的貨幣。這就是所謂的格雷欣法則（Gresham's Law），而這個法則簡單說就是：「劣幣驅逐良幣。」這裡的「良幣」指的是某種形式的商品貨幣，例如金幣，它的面額等於實際的交易價值。面額是國家主張的貨幣價值；交易價值是商品（在本例中指黃金）在市場上實際交易的價值。

舉例來說，面額十美元的金幣可以購買價格十美元的泡泡糖，金幣是「良幣」。「劣幣」——我們以銀幣為例——的面額也是十美元，但劣幣含有的白銀量，其實際價值只等同於五美元的泡泡糖。銀幣因此驅逐金幣，因為流通銀幣有利可圖。

舉例來說，如果我擁有銀幣，我的朋友擁有金幣，我跟他說，我們來兌換錢幣吧。於是他給我一枚金幣，我依照一比一的比率給他一枚銀幣。不管是金幣還是銀幣，上面的面額都是十美元，而法律也規定金幣與銀幣等值。但我們兩人心知肚明，他給我的金幣實際價值是十美元，而我給他的銀幣實際價值只有五美元。如果他是聰明人，他會避免做這樣的交易，就會盡量避免使用金幣或囤積金幣。而穩當的做法就是不用金幣買東西。如果每個人都被迫把實際價值不到十美元的銀幣當成十美元來使用，那麼大家自然不可能使用金幣來交易。

格雷欣法則顯示，貨幣體系是一股社會力，有著自己的驅動者與資源。貨幣體系會以自己的方式回應自己所處的環境。國家可以立法限制貨幣，例如明文規定「黃金與白銀的相對價值不可改變」，但貨幣自己會找出規避之道。

金幣與銀幣的價值問題之所以重要，還有一個原因，那就是我們無法藉由恢復金本位㉗或真實貨幣，或以物品擔保貨幣，來解決貨幣問題。以沉重物質製造的貨幣，並不比以其他種類物質製造的貨幣來得貴重、穩定、可靠或合理，反之亦然。貨幣不是不需要管理，而是需要各種不同的管理。

結果，金屬貨幣與虛擬貨幣之間並沒有太大差異。兩者都是貨幣。兩者都跟貨幣一樣出現管理難題。虛擬貨幣之所以古怪，是因為它是貨幣，而不是因為它虛擬。

你用什麼付款？鹽、起司、木條或毛皮？

過去曾被當成貨幣使用的東西，無論是什麼，都能用「古怪」一詞來形容。然而，某個貨幣形式就算古怪，也不妨害它做為貨幣的功能。

首先，有什麼會比以食物做為貨幣更奇怪？但是，在許多時代與許多地方，鹽一直充當貨幣的角色。鹽幾乎可以無限分割下去；鹽的密度高（但不耐久）；而且在早期，鹽相當罕見，而且做

㉗編按：金本位是一種金屬貨幣制度，於十九世紀中期開始盛行。在金本位制度下，每單位的貨幣價值等同於若干含重量的黃金（即貨幣含金量）；當不同國家使用金本位時，國家之間的匯率由它們各自貨幣的含金量之比值來決定。在第二次世界大戰之後，類似於金本位制的體系在美國的主導下建立。在該體系下，各國貨幣與美元掛鉤，美元與黃金掛鉤，明訂一盎司黃金價格固定等同於三十五美元。六〇和七〇年代發生數次美元危機使該體系發生動搖，最終美國總統尼克森於一九七一年宣布停止美元與黃金的兌換，金本位制從此在國際金融中消失。

為一種調味料，鹽有著很高的價值。

二〇〇九年，CNBC財經新聞網站上出現一篇報導，提到大衛．杜提（David Doty）這位銀行主管有收藏貨幣的癖好，他幾乎收集了來自世界各地各種形式的貨幣。[2] 杜提的收藏包括了一些特別的樣本，例如帕馬森起司（Parmigiano cheese）、木板條與松鼠毛皮。此外還有雅浦島（Yap）的石幣（Rai stones）。這些石幣重達數噸，使用的石材並非雅浦島的產物，而是到遙遠的帛琉開採，然後跨海運回島上，不僅耗時，也要冒著生命與殘廢的危險。一旦運回雅浦島後，石頭就會坐落在固定地方，以所有權的變動來記錄財富的變化。

經濟學家曾經研究這種把古怪東西當成貨幣的制度。一九四五年，曾是戰俘的劍橋大學學生理查．拉德福（Richard A. Radford）描述戰俘營裡以香菸充當貨幣的現象。

拉德福發現，雖然每個犯人都領到相同的必需品，但喜好的不同不可避免產生交易。有人想要更多肥皂，有人想穿厚一點的褲子。絕大多數的交易都是要換取食物。香菸原本只是交易的物品之一，後來卻從「一般商品一躍而成為貨幣」。因為香菸是方便的記帳單位，犯人用它來表示其他商品的價值。拉德福待的戰俘營最後收容了來自各國的五萬名犯人，在這個出人意表的大經濟區裡，香菸成了管用的貨幣。

人類天生就會使用貨幣，而且可以套用在所有事物上

人類似乎天生就有使用貨幣的能力。一九六〇年代初，行為心理學家開始使用「代幣制」來

進行治療。這種做法是基於這樣的觀念：使用代幣比較容易控制條件反射。

在代幣制的治療模式裡，病人可以用代幣換取增強物，例如甜食、香菸與音樂。[3] 由於代幣不是「真的」，醫生因此可以任意創造與摧毀代幣，並且提高與降低他們希望的行為價格。他們可以讓「壞」選擇變得昂貴，讓「好」選擇變得有利可圖。醫生也可以立刻提供獎賞，使行動與獎賞之間沒有任何落差。

這種方法也可以推廣到其他病人身上，包括惹麻煩的孩子。遊戲／家庭管理系統《家務戰爭》（Chore Wars）將代幣制引進到家庭中，孩子如果達到父母的要求就能獲得代幣做為報酬，並且用代幣買到自己想要的東西（例如糖果、電玩與車子等）。

看到這麼多例子之後，我們可以推出一個結論，**「貨幣」是一種抽象的性質，幾乎可以適用到任何事物上面。**

貨幣嚴格來說並不存在，商品、物件或概念也不必然會成為貨幣。更確切地說，「貨幣」這個詞可以適用在各種不同的事物上。「貨幣」其實就像「可愛」這個詞一樣。社會在不同時代把可愛的概念適用到不同的事物上。不是每一件事物都可愛，但有些事物當然是可愛的，有些事物比其他事物顯得可愛。但是，可愛不是必然的。「可愛」只是社會加諸在事物上的一種性質。

與可愛一樣，貨幣是由一套模糊的一般性質所構成。「可愛」的性質包括了令人想擁抱的、令人開心的、討人喜歡的、有魅力的、嬌小的、乾淨的或快樂的。**貨幣的性質包括便於交易、可以儲藏價值、袖珍、密度高、稀少、容易分割、容易計數與便於攜帶。凡是具備這些特徵的東西，都是貨幣。貨幣屬於事物的特徵，而不是事物本身。**

中國人早就用過紙幣，但義大利人把它變制度了

充當貨幣的東西，有時會具有貨幣不需要的性質，這點從紙幣中看得最明顯。寫字用的紙張幾乎沒有用處，除非是為了充當文字紀錄。然而，數世紀以來，紙張一直是貨幣的一種形式。在數位時代來臨前，紙幣幾乎成了貨幣的「唯一」形式。

過去數千年間，紙幣曾在不同時代由不同文明使用過。初期的紙幣是「物品貨幣」，也就是說，紙幣做為商品，擁有足夠的價值，即使是一小片也值一小件東西。然而現在，我們認為紙幣是沒有商品價值的貨幣。

因為方便，收受、領取貨物的票據證明成了紙幣源起

雖然中國人與蒙古人曾經發行紙幣（而且把紙幣視為法定貨幣——僅憑政府的力量來保證紙幣的價值），但紙幣真正成為永久的經濟制度，卻是從義大利文藝復興時代開始。

文藝復興時代的北義大利，商業鼎盛。義大利的店鋪採取了一種做法，他們發行票據來表示貨物的收受行為。譬如說，某張票據上寫著持票人可以從馬可．圖里歐的店鋪領取幾磅的胡椒粉。由於這張票據記載著可以領取幾磅的胡椒粉，所以一旦考慮到胡椒粉的價格，就能得出這張

票據的隱含價值，這張票據就有可能成為交易工具。佛朗哥可能把這張票據給了路卡，跟他交換其他物品，例如幾磅的鹽。藉由這種方式，記載胡椒粉的票據就成了某種形式的貨幣。**只要票據上的承諾是可靠的，也就是說，只要憑票就可以向店鋪領取貨物的話，這張票據就有其價值。**

十七世紀，英格蘭金匠進一步擴大這種做法。原本從事打造金飾工作的金匠，在這個時期發展出能安全儲存大量黃金的技術。他們也沿用義大利人的做法，針對黃金發行票據。

假設商人阿弗雷德帶了十磅黃金給金匠艾德華，要求用這十磅黃金打造一個金壺，來裝飾他的豪宅。

艾德華回答說：「這需要花上幾個月的工夫。」

阿弗雷德說：「如果我在過程中突然需要黃金呢？」

「如果是那樣的話，你就直接過來取。」艾德華說完給阿弗雷德一張紙，上面寫著，「持票人至艾德華金匠鋪，憑票領取十磅黃金。」

現在，阿弗雷德拿著一張紙在倫敦走透透，而這張紙的隱含價值相當於十磅黃金市價減去風險溢價——所謂風險溢價指的是艾德華的金鋪也許有倒閉的可能。這張紙可以用來交換其他物品或儲存價值，因此，這張紙就成了貨幣。收到這張紙的商人有權利（如果他們想這麼做的話）到艾德華的店裡憑票領取黃金，而對他們來說，下次交易時再使用這類票據，也較為便利。因此，在市場上買賣物品時使用的是紙張，而不是金條。

只存一千，市面流通一萬，這是怎麼玩的？

我們還可以用其他方法來思考剛剛描述的狀況。阿弗雷德把黃金存放在艾德華的店裡，然後艾德華給阿弗雷德一張存款單。這是一筆銀行交易。事實上，倫敦金匠日後確實變成了銀行家。富人將他們的貴金屬，以錢幣或鑄條的形式，存放在金匠那兒，由金匠開立存款單給他們，這張單子可以當成貨幣使用。換言之，銀行的存款使金屬貨幣變成了紙幣。

但銀行存款對貨幣供給的影響卻更為深遠。倫敦金匠很快就注意到，囤積在他們庫房裡的黃金，可以產生利潤。我們現在假設，艾德華的倉庫裡放了一千枚金幣，而且，不管是哪一天，客人頂多只要求提領一百枚金幣。大多數的商人都願意把金幣寄存在艾德華店裡，因此，他們在外頭所有的交易，也幾乎都用存款單進行。相反的，只有極少數人要求用存款單提領黃金。艾德華因此必須保管一堆無人使用的黃金。

這些黃金該怎麼處理？假設艾德華打算把黃金借給某人，收取利息。赫伯特是個可靠的商人，在倫敦與坎特伯里之間做生意。艾德華借給赫伯特十枚金幣；赫伯特使用這些金幣購買了五頭牛；他把牛趕到坎特伯里，每頭牛以三枚金幣的價錢賣出。到了下個星期，赫伯特帶著十五枚金幣返回倫敦。他把十枚金幣還給艾德華，外加一枚金幣當做利息。剩下四枚金幣就是赫伯特自己的利潤。說得更清楚一點，金庫現在又恢復一千枚金幣，用來支持紙幣的黃金仍完好無缺地儲存在金庫裡。

如果赫伯特不在倫敦期間，有人過來提領黃金，該怎麼辦？嗯，艾德華原來有一千枚金幣，只借出十枚金幣，金庫裡還有九百九十枚金幣，而所有存款人一天提領的金幣不到一百枚。因此艾德華借出十枚金幣，是相當安全的，因為「所有」存款人在同一個星期前來提領「所有」的黃金，發生這種狀況的機會是微乎其微。如果真的發生這種事，那麼艾德華將會違約，並且將關門大吉，他的銀行將會倒閉。但這種狀況不太可能發生。

因此，只要冒適度的風險，艾德華把儲存的黃金借出，就可以賺取利潤。當然，他一天可以借出超過十枚金幣。但是，每增加一枚金幣，風險就增加一分。如果他一天就借出一千枚金幣，那麼整個金庫將會空空如也，哪怕只是一個存款人來提領一枚金幣，就要面臨倒閉的命運。

當銀行利用存款放款時，它就必須面對違約的風險。風險的大小取決於有多少錢借出，以及有多少錢還在金庫裡，此外還要考慮提款的模式。

只要艾德華謹慎維持金庫的黃金，來支應可能出現的提款要求，艾德華違約的風險極小。除此之外，艾德華還有其他工具可以避免違約，他也可以向其他銀行借金幣，或收回借出去的錢。

目前先讓我們假設艾德華的銀行安全無虞，並且思考利用存款進行放款的貨幣意義。利用存款進行放款會大量增加經濟體的貨幣數量，而這是透過社會現實建構的過程來達成，要說這是一種魔法也不為過。

現代的銀行信用，就是以存款為基礎的放款技術

倫敦銀行家發展出以存款為基礎的放款技術之後，世界貨幣的定義與其說來自實際的交換價

值，不如說來自人類的集體心理。

回想一下，艾德華金庫裡有一千枚金幣。由於有這些儲備的金幣，因此經濟體裡流通著一千張存款單，上面寫著「憑票向艾德華金庫領取一枚金幣」。然而，當艾德華借十枚金幣給赫伯特時，貨幣供給突然間增加了十枚金幣。此時價值等同於一千枚金幣的一千張存款單仍在市面流通，現在又多了赫伯特手上的十枚金幣，但金庫裡實際上只剩下九百九十枚金幣。也就是說，金匠艾德華提供的貨幣數量不是一千枚金幣，而是一千零十枚，但他的儲備只有九百九十枚金幣。

「艾德華透過放款而創造了貨幣」，注意艾德華不是國王，國王才可以任意宣布某件東西是貨幣，而且可以砍下反對者的頭顱。艾德華也不是鍊金術士，鍊金術士可以把鉛煉成黃金。艾德華只是個把黃金借給商人的金匠，卻因此增加了流通的貨幣數量。

現在，假設艾德華與赫伯特不想使用金幣來進行存放款的活動。赫伯特說：「你看怎麼樣，你何不給我一張代表金幣的票據，就像你交給其他人的存款單一樣。」於是，艾德華不拿黃金給赫伯特，而是開立一張新的存款單，當做交給赫伯特的貸款，單子上寫著，「持有人可向金匠艾德華領取十枚金幣。」換言之，赫伯特從艾德華那裡借了十枚金幣，然後立刻存入艾德華的金庫，艾德華再開給他一張十枚金幣的存款單，赫伯特就帶著這張單子而非十枚金幣離開。

現在，金庫裡依然有一千枚金幣，用來支持價值一千零十枚金幣的存款單。艾德華可以繼續放款，持續增加貨幣供給量。艾德華創造的貨幣量，其最終的限制取決於他想冒多大的風險。如果他用一千枚金幣的儲備，創造出價值一百萬枚金幣的紙幣，那麼很可能某天會有人一次向他提領超過一千枚金幣。為了讓放款維持保守，艾德華頂多創造出數倍於儲備的紙幣。

英格蘭與歐洲各國的銀行體系，都曾發展出這類放款模式。早在美國央行與貨幣政策出現之前，我們所謂的「貨幣」已經取得相當不真實——大膽一點可以說是虛擬——的性格。

當一千枚金幣支持價值一萬枚金幣的紙幣時，表示有好幾個人同時主張他們擁有這批金幣。赫伯特相信，自己口袋裡的十枚金幣是他的，因為銀行把這十枚金幣交給他；在此同時，阿弗雷德也認為這十枚金幣是「他的」，因為這些是他先前存進金庫裡的金幣。阿弗雷德與赫伯特可以在同一時間使用這十枚金幣進行交易。十枚金幣不可思議地變成了二十枚金幣。

信用互相支撐，一個倒就全部倒

當貨幣開始脫離銀行存款獨自發展茁壯時，貨幣價值的基礎完全來自於信心。

因此，貨幣價值有可能在轉眼之間化為烏有。假設借款人赫伯特花十枚金幣在自家店鋪蓋了新房間，錢幣給了營造商喬治，喬治拿了錢之後走了。這時赫伯特手上空空如也；但這不打緊，因為赫伯特預期自己在往後幾個月可以賺進十枚金幣，他可以及時支付債務。

然而，假設就在同一天早晨，艾德華銀行的金庫只剩下兩枚金幣，而存款人阿弗雷德偏偏此時來提領他的十枚金幣存款。銀行家艾德華向他坦承自己手上只有兩枚金幣，但阿弗雷德堅持拿回全部十枚金幣。艾德華不得已，只好找上赫伯特，要他立刻還錢。但赫伯特沒錢可付，銀行只有兩枚金幣，但銀行欠阿弗雷德十枚金幣，於是銀行破產。

艾德華的銀行一旦破產，將引發一連串糟糕的事：

- 因為銀行的金庫空了。阿弗雷德只能領回兩枚金幣的存款，而他原來的存款是十枚金幣。
- 破產管理人接管銀行。他們的工作是清算破產的銀行，並且盡可能讓銀行清償債務。
- 破產管理人找來所有下列文字票據的持有人，「持票人有權向艾德華銀行兌領 X 枚金幣」。
- 破產管理人也會找來所有向銀行借款的人，要求他們立即還款。
- 任何用這種方式獲得的款項，都必須償還給銀行的債務人。

遺憾的是，銀行透過放款創造的貨幣數量，遠多於硬貨幣所能支持的貨幣數量。持有艾德華銀行發行的票據的人，絕大多數都無法從艾德華的銀行兌領到金幣。結果，**人們不再把這些票據當成貨幣。這些票據的貨幣價值將因此消失，轉眼間就從貨幣變成平凡無奇的紙張。**

然後這個過程會像推骨牌一樣不斷蔓延、倒下。當艾德華的銀行開始收回借款時，其他機構突然間被迫要找錢還款。於是這些機構也開始收回借款。如果這些機構無法滿足存戶提領的要求，它們也會倒閉。

一家銀行倒閉，信用網等於破了一個洞，漣漪效應會不斷往外擴延；信用網上的交叉點，只要損壞一個，就會讓其他的交叉點面臨更大的壓力，而由於信用網在平日已處於緊繃的狀態，只要壓力稍微一增加，每個交叉點就會應聲斷裂。

了解到這點，聰明的投資人一嗅到銀行有一丁點的不對勁，就會火速趕到最近的銀行，趁著時猶未晚，盡快把自己的錢全部提領出來。這就是擠兌。當銀行陸續出現擠兌現象時，就表示發生了金融恐慌。

關於擠兌的寫實描述，可以觀看兩部曾紅極一時的電影，《風雲人物》（It's a Wonderful Life）與《歡樂滿人間》（Mary Poppins）。真實世界的金融恐慌，往往帶來嚴重的後果。在十九世紀，金融恐慌導致經濟活動連續數年持續萎縮，嚴重的失業問題還導致人民暴動。一九三〇年代初的經濟大恐慌也促使小羅斯福與希特勒上臺。由此可見，貨幣的價值是重要的全國性議題。

政府說了算，廢紙從此變貨幣

從前面的例子可以看到，紙幣的價值完全仰賴民眾對發行機構的信任。那麼，如果發行機構是國家呢？政府應該不會像銀行那樣隨隨便便就破產吧！

我們曾經提過，國家最初是以君主自己的名義鑄幣，而產生支持貨幣的效果。隨著紙幣經濟的來臨，國家的支持演變成國家同意，以固定比例用紙幣來交換實體商品（典型的如金或銀）。政府因此必須做出可信的承諾，實際地維持黃金儲備，以因應民眾兌換黃金的需求。如果這個政策成功，就能成功建立「金本位」，如此一來無論貨幣的形式有多脆弱，都能順利轉變成有價值的物品。

金本位是十九、二十世紀真實世界貨幣的規範。但金本位未能成功度過上個世紀的兩次世界大戰、經濟大恐慌與石油危機，證明金本位不可能實現紙幣兌換黃金的承諾。

儘管金本位與銀本位都已經失敗，國家依然以官方的力量支持國家發行的貨幣。國家擁有壟斷的大權，可以拿走人民的東西，將人民關在牢裡，或甚至殺人，社會裡沒有任何機構具有正當性來做這些事。國家可以命令民眾以某件東西做為貨幣，也可以宣布如果有人拒絕用貝殼清償債務，國家將施以罰款，用法律的力量來支持貨幣。「fiat」（fiat money，即法定貨幣）這個字就是用來描述僅靠國家的行政法令來賦予貨幣價值的做法。

在今天，世界上幾乎所有國家的貨幣都是法定貨幣：貨幣會擁有價值，只因為政府說了算。我們知道，支撐貨幣的力量來自於民眾對政府的信心，以及政府本身的信用。民眾必須接受某物為法定貨幣，就意味著，民眾必須以某物來清償債務。這個權利就寫在美元紙鈔上，「本票據是法定貨幣，用以清償一切債務，無論公共或私人。」確實如此。

如果你有美元紙鈔，我會請你閱讀在美元紙鈔上的這行字。本書寫於二〇一三年，貨幣依然以紙幣與硬幣的形式發行，但並不是只能用這兩種形式，而且這兩種形式也不一定占主導地位，因為絕大多數的貨幣都存在於資料庫的條目中。

貨幣的歷史已經進展到這樣的程度：現在，「真實」貨幣不過是國家承諾支持的數位資料庫裡的條目。親愛的讀者，我不知道你們怎麼想，但這對我來說實在很虛擬。

啊！那個不需要貨幣的時代

貨幣會如何演進？人類對於正式貨幣系統的好壞認識多少？多年來，經濟學家同意，統一的貨幣系統是最好的。近年來，人們對統一貨幣的疑慮逐漸升高。擁有單一形式的貨幣真的是最好的選擇嗎？

因為需求與使用者少，貨幣種類多不是問題

如果我們回到一千年或兩千年前，貨幣事務還相當簡單，因為實際參與市場經濟的人並不多。前工業時代的村民，絕大多數都是自行製造自己需要的物品與服務。如果有需要別人的地方，也通常採取共同體合作或相互貸款或單純贈與的形式，村民並不需要貨幣。

前工業時代的國王也不需要貨幣。舊世界的國王與貴族都不用付錢購買商品與服務，只要下令民眾繳納物品與服役。莊園領主每年可以獲得一定數量（蒲式耳）的小麥，一定數量（碼）的布匹，一定數量的雞與豬。此外，莊園裡的溪流會有人來疏通，柵欄會有人來修補。這是從古代形成的慣例，民眾要向領主貢獻物品與服役，因此也不需要貨幣。

在這種社會裡，唯一需要貨幣的是商人與工匠，不過他們的人數不多。有人整天製作桶子，

但他不可能靠吃桶子過活（雖然他可以把桶子當成衣服或睡在桶子裡）。工匠需要用桶子交換其他物品，但是持續地以物易物相當費時而且麻煩。同樣的狀況也發生在向船隻購買異國物品的人身上，他們把貨物運到內陸，賣給領主與貴族，但是拿胡椒粉交換牛的時候，還要討價還價一番，同樣耗時又不便。

由於實際上很少有人需要貨幣，因此即使有不同種類的貨幣在市面流通，也不致構成重大問題。如果你住在英格蘭，使用的是英格蘭王的貨幣，如果你的口袋裡有一枚諾曼第的錢幣，要評估這枚錢幣大概值多少金子然後用來交易，並不是很難的事。每隔一段時間會有市集，專家會聚集在這裡非正式地評估各種錢幣的價值。

在全世界的大部分地區，在文明史的絕大多數時間裡，因為使用的需求不高，貨幣一直集中在少數人手中。

貿易頻繁之後，貨幣開始流行

但歐洲從西元一一〇〇年左右開始，經濟活動普遍開始頻繁，貿易也開始擴張。到了文藝復興時代（一四〇〇年左右），與貿易相關的人口大量增加。進出口商遍布歐陸各地。專門工匠的數量，以及一般貴族家中物品的種類也跟著增加。市場活動越來越成為一般民眾商品與服務的重要來源。一二〇〇年時，專門市集也許一年才舉辦個一、兩次，但到了一五〇〇年，在倫敦、巴黎與米蘭這些大城市卻是每日都有。貨幣需求於是快速增加。

一二〇〇年，一名法國村民可能一年只交易一次，也就是商人來鎮上的時候。終其一生，他可能在市場上只跟十二個人做過交易，而且全都是在村子的公用綠地上進行。㉘

現在，住在同一個法國鄉村的民眾，卻能與全世界數十億人進行直接與間接的市場交易。這位法國村民家中地板上的玩具，是在哥本哈根設計，在上海製造，由美國人運來法國。當這名法國人思索這張龐大之網時，他聽著網際網路上一名巴西女子的歌聲。她的歌聲是由日本錄音師錄製，用來錄製的工具所需的材料是從薩伊開採的。不僅如此，這些人在活動中使用的眾多物品全是遺留物，也就是數月、數年乃至於數十年前製造的物品，而製造的人可能早已不在人世，例如：一九三〇年代在曼哈頓摩天大樓裡工作的美國人，有些日本錄音師特別喜愛一九五〇年代的麥克風收錄的聲音，那位法國村民農舍外的路面鋪石已經有三百年的歷史……

不同貨幣，每天討價還價其實很浪費……

龐大的貿易網出現是這幾百年間的事，貿易網出現後，貨幣需求開始大為增加。

市場由貿易網的商人經營。如果十名商人構成的貿易網，需要一定數量的貨幣自由流通，那麼兩百名商人構成的網絡，會需要多少貨幣？貨幣數量會隨著商人數量的成長呈指數比例增加。

㉘我在研究生涯初期曾經聽過或讀過這類說法，但現在我已經不記得是誰說了或寫下這種說法。我要感謝原作者，儘管我做了許多考察，我還是無法查出原作，特此致歉。

在四名商人的情況下，交易數量如下：

商人甲：與乙、丙與丁交易。這就構成三筆交易。

商人乙：與丙、丁交易。與甲的交易已經計算，因此這裡多了兩筆交易。

商人丙：與丁交易。與甲、乙的交易已經計算，因此這裡多了一筆交易。

商人丁：與其他人的交易都已經計算。

所以，這四名商人每日的交易次數是六筆。在算式中，N名商人之間的交易數量如下：

交易數量 $=(N-1)+(N-2)+(N-3)+...+(N-(N-1))$

在經過運算之後，算式可以調整成這樣：

交易數量 $=\frac{1}{2}(N2-N)$

這道公式透露了人際網絡的基本性質：當交叉點（商人）的數量增加時，連結的數量就會以平方的比例增加。

四名商人構成的網絡每天有六筆交易。十名商人構成的網絡，每天就有四十五筆交易。這樣的數量似乎還應付得了。但兩百名商人構成的網絡，每天的交易將達到一萬九千九百筆，而一萬名商人每天的交易則將近五千萬筆。

每一筆交易都需要貨幣。因此，當經濟模式從前商業時期走入商業時期時，貨幣需求肯定會非常快速地增加。

不難想見，在這種狀況下，討價還價的成本一定相當高昂㉙。系統一天出現一百到兩百次討價還價的狀況，這還說的過去，但如果交易數量來到五千萬筆時，可就是另一回事了。以之前舉的例子來說，假設十筆交易就會出現一次討價還價。

以下是商人網絡與每個商人每天遇到討價還價的次數之間的關係：

商人人數	**每個商人每天遇到討價還價的次數**
4	0.3
10	0.9
200	19.9
10,000	999.9

沒有商人禁得起一天一千次的討價還價。因此，讓討價還價的比例降低，顯然對整個系統的運作順暢極為重要，而其重要性也隨著商業經濟規模擴大，而呈指數比例成長。

這就是為什麼管理經濟的人，會開始留意一些極細微的小事。錢幣的尺寸應該多大？營業稅

㉙「haggle」（討價還價）這個字的根源是古老的日耳曼文，有切割敲打的意思。每次都要一割再割確實是很費神耗時的事。

該提高十分之一個百分點嗎？我們應該使用紙幣來進行交易嗎？對於個人來說，這些改變可能沒什麼。但對整個系統來說，交易效率的提升或喪失，影響甚鉅。

百種貨幣變一種歐元，歐洲怎麼走過來的

多種貨幣的例子可以說明貿易效率的重要性。近代初期的歐洲，商業才剛開始盛行，此時的交易環境充斥著數百種貨幣。以下舉幾個比較有名的例子：

Heller（按：十三世紀時在德國流通，原來的材質是銀，漸漸被銅取代。）

Kreuzer（按：德國統一前在南德與奧地利地區流通的一種銀幣，後來也變成銅幣。）

Pfennig（按：九世紀到二〇〇二年歐元推出前，流通於德國的舊鐵幣與舊鈔。）

Gulden（按：十七世紀到二〇〇二年流通於荷比盧等國家的硬幣，荷蘭語金幣之意。）

Taler（按：十六世紀到二十世紀初，流通於德國、奧地利的銀幣。）

Ducat（按：中世紀到二十世紀流通於歐洲的金幣或銀幣。）

Florin（按：發源於義大利，曾經一度是歐洲的主流貨幣，有金、銀兩種材質。）

Groat（按：十三到十六世紀在英國流通的銀幣。）

Groschen（按：十三世紀從義大利米蘭開始，後流傳到奧地利、英國、波蘭等國的銀幣。）

Shilling（按：流通於英國、愛爾蘭、澳洲、紐西蘭與東非等國家。）

Pound（按：目前仍流通於英國、埃及、黎巴嫩、蘇丹、敘利亞的貨幣。）
Guinea（按：流通於十七到十九世紀的英國，是英國第一種由機器鑄印的金幣。）
Denier（按：在整個中世紀流通於法國與義大利的銀幣。）
Sol（按：十八世紀的法國貨幣。）
Livre（按：法國在八世紀到十八世紀使用的銀幣。）
Soldo（按：義大利在中世紀使用的銀幣。）
Lira（按：十九世紀在土耳其、義大利、黎巴嫩、敘利亞、埃及等地的貨幣名稱，但歐洲國家在歐元推出後不再流通。）
Kopek（按：俄羅斯十八世紀的硬幣，原為銀幣，後為銅幣。）
Ruble（按：十八到二十世紀，流通於蘇聯以及與蘇聯有密切關係的東歐國家，有銀幣與銅幣。）
Real（按：十九世紀，流通於西班牙、葡萄牙、墨西哥、中美洲的銀幣。）
Besant（按：四到十五世紀拜占庭帝國的金幣。）
Dinar（按：四到十五世紀拜占庭帝國期間在伊斯蘭國家流通的金幣。）[4]

這些只是最主要的貨幣「分類」。至於每個分類，在不同國家還會衍生出各種不同的版本。例如列日（Liege）與熱那亞（Genoa）使用的Florin並不相同。同理，那不勒斯通行的Ducat也不同於匈牙利通行的Ducat。

從近代初期開始發展之後，從事商業經濟的人發現，如果貨幣的種類少一點，會對交易效率

有幫助。民族國家興起之後，獲得許多規模效率，其中之一就是讓廣大地區的貨幣統一。

過去法國其實是由許多公國、修道院與侯國組成，這些小國各行其是，發行自己的貨幣，造成貨幣種類過於繁雜。當法國國王逐漸掌握越來越多的法國領土時，法王使用的貨幣也得以支配越來越廣大的經濟領域，從而讓其他的競爭貨幣數量減少或終於消失。法國商人開始享受日耳曼與義大利商人只能在夢裡追尋的交易效率。

我們如何得知貨幣對民族國家的發展至關重要？缺乏統一貨幣的日耳曼，正可做為借鑑。一六四八年西發里亞和約（Peace of Westphalia）[30]之後，歐洲有些地區在單一的統治結構下，形成民族與文化統一的局面，但有些地區則不是如此。

法國、英格蘭與瑞典屬於前者，統治者與被統治者居處於一地，國境之內享有共同的語言與文化歷史。日耳曼與義大利則雜處著獨立的小邦國，一些面積不大的區域則由擁有龐大地產的貴族統治，每個統治者都有自己的貨幣。[31]

日耳曼人對於民族無法統一感到憤恨，於是在十九世紀興起了一連串的政治抗爭，以爭取國家統一。一八七一年，當國家在奧托・馮・俾斯麥（Otto von Bismarck）領導下統一時，俾斯麥最初公布的國家法律就是發行統一貨幣。

但早在統一貨幣的三十五年前，民眾就已經嘗試從經濟層面統一國家，統一貨幣等於是這項訴求的實現。當時，日耳曼各邦成員於一八二〇與三〇年代結合起來，去除彼此的關稅壁壘。一八三七年，日耳曼各邦簽訂貨幣條約，以「聯合塔勒」（Vereinstaler）做為標準貨幣，並做為各邦貨幣的衡量基準。

貨幣統一與標準化通常被視為建國的必要也是首要步驟。

當二次世界大戰後分立的東西德，首次於一九八九年到一九九〇年討論統一事宜時，他們第一項提議就是「經濟與貨幣統一」，政治統一則留待日後再議。

一般認為，貨幣統一的好處很多，因此二十世紀全球各地普遍有系統地減少貨幣種類。舊時代的王室與貴族貨幣逐漸消失，越來越多的商業活動完全以少數幾種超級貨幣來運作。各國也致力於讓貨幣釘緊一些標準，例如黃金。如果能成功釘緊黃金，那麼這些貨幣彼此之間也可以以固定匯率釘緊。但是，跨國的貨幣固定匯率體系證明不可能維持，因為每個經濟體都有自己獨特的需要，對於貨幣成長率的高低存有不同的看法。

因此，歐洲統一貨幣的觀念於焉誕生。這種貨幣不會釘緊任何固定商品，但要接受中央管理，而其結果就是歐元。無論現在歐元帶來什麼樣的麻煩，它都體現了歐洲數世紀以來減少交易時價格爭議的努力。

30 編按：一譯為西伐利亞和約，此和約是三十年戰爭的產物，該戰爭起因於波希米亞（今捷克）人為了爭取宗教自由與民族獨立，而對神聖羅馬帝國發動起義，後來許多國家參戰，最後成為大規模爭取民族獨立、新教自由的戰爭，最後神聖羅馬帝國哈布斯堡王朝集團戰敗，與西歐參戰國家簽訂該和約，承認西歐諸國的主權獨立與宗教自由。

31 我要厚著臉皮偷借用這句極為有名的話cuiusregion, eiusreligio（「誰的統治領域，就信誰的宗教」）。這句話出現於一五五五年，用來解決新教改革在初期引發的戰爭。我要借用這句話，並將其改寫為cuiusregion, eiuspecunia（「誰的統治領域，就使用誰發行的貨幣」）。

A國想增加貨幣，B國要低通膨，歐元爭議難了

起初，歐元純粹是虛擬貨幣。一九九九年，歐元以數位資產形式出現在銀行帳戶。到了二〇〇二年，第一批歐元紙鈔印行。有三年的時間，歐元是遊戲貨幣，就像遊戲的金幣一樣。現在，歐元代表人類歷史上最先進的成就，成功統一了各國貨幣。

貨幣統一的歷史提醒我們，人類有強烈的經濟誘因降低貨幣的混亂。只擁有單一形式的貨幣似乎相當理想，因為這麼一來，每個人都知道如何表達物品的價值。

貨幣就像語言——當我們都說著相同的語言時，整個系統就會運作地更為快速。

雖然單一貨幣對交易來說更有效率，但單一貨幣也讓經濟管理者無法因地制宜來調整貨幣機制。這是由於經濟福祉取決於貨幣的成長率以及貨幣創造、給予與交易的方式。貨幣政策也許滿足了絕大多數地區的需要，卻犧牲了少數人的利益。

經濟學家馬丁·費爾德斯坦（Martin Feldstein）預測單一歐洲貨幣將是個問題，因為歐洲各地的發展程度差異很大。[5]假如葡萄牙需要貨幣成長，而德國卻希望穩定與低通膨呢？身為大國的德國勢必在辯論中獲勝。葡萄牙無法刺激經濟，只好承受失業與經濟萎縮之苦。

歐元的爭議顯示單一貨幣並非貨幣演化的必然終點。

人類過去使用多種貨幣絕非愚蠢。交易效率不是萬靈丹，貨幣還有其他許多目的要滿足。

或許貨幣不是一種技術精巧的零件，它的存在也不只是為了完美裝配在社會機器裡。大衛·沃爾曼（David Wolman）認為，「左派烏托邦主義者與科幻小說作家，把全球貨幣的整體觀念植根

在我們的腦子裡。」[6]如果擁有多種貨幣是好事，那麼我們需要多少種類？美國各州應該有自己的官方貨幣嗎？為什麼不是每個郡呢？

長話短說，我們顯然可以看出貨幣從具體、有形的形式，逐漸朝紙幣的形式演化。在過程中，貨幣逐漸與銀行系統結合在一起，這就產生了管理議題：為了維持民眾對貨幣價值的信心，必須維持銀行體質健全。於是國家介入支持貨幣，先是提供紙幣與貴金屬的兌換，然後又表示貨幣就是貨幣。最後，國家追求貨幣統一以減少經濟無效率，但這項政策如今已飽受批評。

除了國家，企業也在創造貨幣

現在，貨幣一般都會牽涉到銀行與國家。但虛擬貨幣卻是由非銀行的企業發行。這些企業貨幣（company money）來自何處？

法人發行的貨幣以兩種形式呈現。第一種形式是商業票據。先前我解釋過金匠——他們都是一般民眾——如何發行存款單，而這些存款單又如何被當成貨幣來使用。事實上，各式各樣的私人企業也會發行這類票據。舉例來說，假設弗蘭克的餐廳向珍的傢俱行購買價值一萬美元的餐桌。弗蘭克現在欠珍一萬美元，珍於是印了一張票據，上面寫著，「弗蘭克的餐廳欠我一萬美元。」珍現在可以用這張紙來清償她自己的債務。譬如說她要買一艘船，她對賣船的人說：「拿這張紙到弗蘭克的餐廳，他會付給你一萬美元。」**這張票據使用起來就像紙幣一樣。只要所有商家都信任彼此的承諾，那麼這張票據就能繼續發揮紙幣的功能。**

經過一段時間之後，一些支付工具，例如珍的票據，逐漸發展成企業直接承諾的支付形式，這些承諾就稱為「商業票據」。大公司打算今天支付一千萬美元的薪資，而公司可能的做法是賣掉十張價值各一百萬美元的票據；票面上寫著，「本公司將於三個月後支付持有人一百零一萬美元。」公司今天可以取得現金，而投資人則取得獲利的承諾（因為一百零一萬美元比一百萬美元多了一萬美元）。

在這三個月期間，這張票據被用來進行各種交易，而其代表的貨幣形式非常類似紙幣，唯一的不同是，票據是私人企業發行的。[32]

企業以優惠券、集點兌換商品，行銷新商品、鞏固既有客群

然而，企業貨幣還有另一種來源。十九世紀晚期，有兩家零售商不約而同地想出同樣的點子，並且約略在同一時間發行了大量的私人貨幣。

一八八八年，可口可樂公司開始發行優惠券，凡是持有優惠券的人，都能跟當地小販免費領取一瓶可樂。**這是一種行銷手法——優惠券是一種高明的手法，它把產品推到買家面前，並且省下了嘗試產品的成本。**

零售商也願意接受優惠券，因為可口可樂公司會補償他們。這個基本行銷策略雖然簡單，卻十分管用：如果沒有人知道你賣的是什麼商品，而商品成功的關鍵就是要有人試喝，那麼你要做的就是，盡可能把第一批產品的價格降低。就算一開始因為讓人免費喝可樂，而損失不少錢，最後還是會因為拓展市場，而把錢賺回來。事實也證明，到了二十世紀初，可樂已經成為家喻戶曉的東西，其他公司包括知名的寶氏穀物公司（Post cereal company），也開始提供免費產品或可以折

[32] 商業票據很類似政府出售的短期債券，例如國庫券。在這裡，票券與金錢的界線變得十分模糊。商業票據與其他形式的貨幣類似的一點，或許在於兩者背後都沒有擔保品支持，它們只是承諾支付而已。

價的優惠券，而這些折價券在當時就稱為「coupons」。

一八九六年，Sperry and Hutchison公司開始提供「S＆H綠郵票」給零售商。與可口可樂的優惠券不同，零售商買了綠郵票之後，可以選擇何時、何地與用什麼方法發給消費者，而消費者不僅可以取得、還能收集綠郵票。每張綠郵票都有面額點數。S＆H同時發行了商品目錄，消費者可以用綠郵票點數來「兌換」商品。**這麼做的目的，與其說是為了引進商品給新消費者，可口可樂的優惠券就有這個目的，不如說是為了鞏固既有客群。**

有人認為企業也可以用降價的方式來達成這一點，這麼說固無不可，但綠郵票具有鞏固顧客忠誠度的效果，這點不是靠降價就能達成。綠郵票會產生一種經驗效應，我們可以說這是一種娛樂效果，消費者拿到綠郵票，小心翼翼地舔一下，把它貼在小冊子上，然後再用小冊子去買特殊目錄上的東西。這個方法讓S＆H成為一家大型而獲利的公司。

你常用的紅利點數，就是一種企業貨幣

現在，顧客忠誠度計畫已經無所不在。有時候它只是一張卡，你每買一杯咖啡就能在上面蓋一個章，蓋滿之後就可以憑卡免費兌換一杯咖啡！更常見的是數位資料庫，現在每個人都有的累積紅利點數計畫。現在，你到零售店買東西結帳時，很難不被問到自己是否有該公司的忠誠卡或帳號。當你出示卡片時，點數就可以增加，最後，這些點數可以用來兌換商品、服務或折扣。或者，你可以支付一筆固定費用，然後擁有這張卡，這張卡可以讓你在付帳時獲得一點折扣。

常客飛行里程數或許是點數系統最明顯的例子。常客飛行里程數可以追溯到一九八〇年代，這裡頭的觀念很簡單：你飛行的距離越長，你的帳戶就能取得越多的里程數。里程數可以用來兌換機票。這個系統顯然是仿照咖啡集點而來，但帳戶里程數與實際的飛行里程數，其實並沒有完全對應。大多數航空公司對每個航班提供的里程數都有下限，例如從布魯明頓（Bloomington）飛到印第安納波利斯（Indianapolis），航程是一百英里，但還是能獲得五百英里的飛行里程數。

常客飛行里程數也可以用來從事其他活動，例如辦理信用卡。常客飛行里程數通常用來購買機票或艙位升等。你甚至可以賣掉你的常客飛行里程數，里程變現網站（cashyourmiles.com）以一到一・四美分的代價購買一英里的里程數（二〇一三年時）。[7]

整體來說，常客飛行里程數就是貨幣，只是多半透過搭乘航空公司班機才能賺到。

至於企業紅利點數也逐漸被當成貨幣，這就有點讓人吃驚。以亞馬遜公司為例，任何人只要登記成為非職業賣家，就幾乎可以販售任何東西。我搜尋亞馬遜的結果，發現除了一般的書籍與音樂，還有人賣以下的東西：29dB 助聽器，定價三四・九五美元；InterDesign 洗碗機，定價四・七三美元；使用汽油的三十三噸鋸木機，定價二一九九・九九美元。

亞馬遜接受各種信用卡的紅利點數，包括亞馬遜自己的。亞馬遜公司也發行了亞馬遜幣，雖然目前只能用在電子書上，但原則上，亞馬遜幣可以用來購買所有在亞馬遜網站上販售的商品。因此，我們已經有了一個系統，讓「點數」與「貨幣」幾乎能購買所有的東西。

這些虛擬貨幣與貨幣唯一的差異是，它們無法直接移轉給其他人，也就是說，我無法把我的亞馬遜幣或亞馬遜紅利點數交給你。

另一方面，在亞馬遜網站上買東西給別人卻毫無問題，你只要把購買的物品寄到他們家而非你家就行了。因此，我可以使用我的點數來購買你的東西。我也可以把我的點數與亞馬遜幣轉換成美元，方法是把我的帳號的登入資訊賣給別人。只是目前沒有證據顯示有人這麼做，但賣帳號的做法其實在線上遊戲相當普遍。

因此，購買力確實是可以移轉的。企業的紅利點數與產品的提供兩相結合，使亞馬遜公司實際上成為另一種新興的經濟體。

優惠券、綠郵票、常客飛行里程數、紅利點數與臉書點數，這些是貨幣嗎？它們是虛擬貨幣嗎？雖然這個問題我會在第四章做更詳細的討論，但企業紅利點數確實具備許多貨幣特徵。你可以（而且確實）看到各種商品的價值，表現在用來換取商品的綠郵票、優惠券與企業紅利點數上。此外，點數、優惠券與常客飛行里程數，都可以長期持有而無損於它們的購買力。常客飛行里程數也可以在帳戶裡原封不動地放著。

但是，貨幣有一項重要功能是企業紅利點數無法滿足的，那就是充當交易媒介。

通常紅利點數只有一種交易方法：把點數或類似點數的東西交給某家公司以換取種類有限的商品。你不能用其他有價值的物品（例如美元）跟企業購買點數。消費者無法直接向S&H購買綠郵票，他必須到附屬零售商購物才能拿到。

同樣地，民眾一般來說不會彼此交易綠郵票、優惠券或點數，但這麼做原則上是可行的。我可以跟你一起去目標百貨（Target），讓你刷我的目標卡購買一件石灰綠Polo衫或褐色與粉紅色相間的筆筒；你可以用你的捷藍航空（Jet Blue）里程數幫我買機票。

總之，企業故意築起高牆以防止消費者私相授受，因為點數系統原本是用來鞏固企業與消費者的關係，而非消費者與消費者之間的關係。

有時候企業發行忠誠卡，只是為了賣你的資料

這一切似乎正在改變。逐漸地，**企業貨幣的主要用途不再是維持忠誠，而是獲取消費者的行為資料，然後販售**。每個人登錄到企業忠誠計畫之後，他所有的購物資訊全部會被記錄在企業的資料庫裡。這些資訊可以與消費者個人的資料，例如性別、住址、年齡、職業等交互參照。這樣的資料庫就儲存了珍貴的資料內容。

企業貨幣的資訊用途，引發各種不同的誘因。如果我讓你成為卡斯特羅諾瓦點數（Castronova Points，作者自己發行）的會員，主要是為了把你的行為資料賣給別人，那麼我會千方百計想取得更多的資訊。如果你想用卡斯特羅諾瓦點數購買別的東西，而不是購買我討論遊戲、科技與社會的課程內容，對我來說也無妨！我很高興能跟地方加油站簽約，以後顧客可以用卡斯特羅諾瓦點數來支付油錢，然後我可以掌握會員購油的資訊，並且把這些珍貴資訊賣給需要的人。

這些資訊可以說完全沒有限制，因為最珍貴的資料就是，把你曾經有過的任何經驗全部錄製下來的資料。所以每家公司都想擴充自己的資料計畫，這不是「忠誠度」計畫，而是「資料」計畫。所以我們看到有些公司的信用卡紅利計畫，會允許你用紅利點數兌換從乘船旅遊到帽子在內的任何東西。這些系統仍然不允許你把紅利點數移轉給其他人，但我們很難理解其中原因為何。

目前這套贈與企業紅利點數的系統，還處於萌芽階段，運作還不是很順暢，主要是透過購買點數卡（兼具實體與數位形式）的方式來進行。這些點數幾乎總是能轉換成真實世界的貨幣。因此，對企業來說，允許使用者任意移轉點數應該不是很難的事。如果使用者可以任意移轉點數，就會失去忠誠度的意義，因此企業才對此舉棋不定。

企業貨幣近來的創新顯示，真實貨幣與虛擬貨幣之間的界線，很可能因此完全消失。以現金卡（debit card）為例，它與提款卡（teller card）同時在一九六〇與七〇年代出現。提款卡讓民眾可以不分晝夜，隨時從提款機提領現金。換句話說，你可以隨時使用完全以數位形式提取在你銀行帳戶裡的存款，使用的方式是，你到提款機提領現金，然後拿現金到雜貨店買東西。但現金卡進一步去除掉這個過程中所需的實體現金。有了現金卡，存款可以直接從銀行移轉到雜貨店。而且，變化的只是雙方帳戶裡的數字，貨幣因此完全虛擬化。

另一個類似的發展是透過PayPal達成的，PayPal是線上拍賣巨人eBay旗下的支付服務系統。全球現在使用中的PayPal帳戶超過一億人。你登入時要輸入自己選擇的支付資訊（一般來說不是銀行帳號就是信用卡號）。你可以使用PayPal在網上購物。你甚至可以透過電子郵件匯錢給別人。PayPal還有別的功能，如果PayPal擁有你的銀行帳戶資訊，它還能把別人匯給你的錢，轉寄到你的銀行帳戶裡。另外，PayPal還能讓使用者在它的系統裡存款。

證據顯示，企業貨幣與遊戲虛擬貨幣是一起成長的。社群遊戲公司星佳（Zynga）[33]最近與美國運通建立夥伴關係，發行一種預付的轉帳卡，可以提供遊戲紅利。使用這張卡購買真實的香蕉，你可以賺得虛擬的香蕉點數。另外，名為第一轉換（FirstMeta）[34]的虛擬貨幣交換服務網路公司在推出時宣稱，他們不僅能在多種虛擬貨幣之間，也能在多種的真實貨幣之間移轉價值。[8]

這些活動間接導致真實貨幣轉變成虛擬貨幣。因為線上系統允許民眾在沒有實體媒介的狀況下，彼此移轉美元、歐元與日圓。因此，我們現在已經進入所有「真實」貨幣都是虛擬的時代。亞馬遜幣與遊戲金幣、歐元的差異，不在於它們是否有形，而在於它們的法律地位、功能與使用習慣。雖然發行企業貨幣起初只是為了顧客忠誠度與行銷的目的，但在資訊時代裡，企業貨幣也逐漸擴展成新的貨幣類型。

另外，當貨幣變得更具彈性，沒有公司支持的個人，也可以發明新種類的貨幣以追求個人的目標。這種不是由國家支持，也不是由企業發行，而是由個人發明的貨幣，稱為同業貨幣（craft money），比特幣就是一個例子。比特幣的發明者顯然只是想提供這個世界某種形式的貨幣，這種貨幣具有其他貨幣沒有的優點。其他例子包括保護消費者隱私的公平現金（fairCASH）[35]與保護地方市場免於遭受全球經濟衝擊的「社區貨幣」（community currency）[36]。社區貨幣運動甚至有自己的研究期刊。[9]

---

33 編按：臉書上最大的社群遊戲公司。

34 編按：新加坡一家經營虛擬貨幣交易的網路公司，最知名的交易貨幣就是比特幣。

35 編按：一個不需註冊、可以匿名交易虛擬貨幣的網站，並強調B2C（企業對消費者）、B2B（企業對企業）與C2C（消費者對消費者）的交易營運均免費。

36 編按：社區貨幣是由某地區自行印製、發行，讓居民用來交換服務或商品，經濟活動主要都在當地，目的在促進當地經濟發展與居民的社區意識。

現在，是遊戲貨幣當道的時代

我們已經看見貨幣的起源，接著出現國家貨幣、企業貨幣，然後是同業貨幣。但是，我們現在見到的虛擬貨幣來源全都不是這些，而是從線上遊戲發展出來的。就是因為有了這些技術，私人才得以管理擁有數百萬使用者的私人經濟體。

其實，遊戲貨幣從電腦遊戲一開始就存在了，但只是用來向系統購買物品。而最早讓玩家彼此買賣物品的遊戲，應該是《西洋封神榜》，當時是一九八五年。

另外，珍思洞（Gemstone）[37]是一九八七年發行的文字型多人玩家冒險遊戲（通常簡稱為「文字MUD」，MUD就是multi-user dungeon的縮寫）。在我寫作的此刻，這個遊戲依然存在，目前已由希模電子公司（Simutronics）發行到珍思洞IV。這個遊戲在一九九〇年代初為遊戲貨幣做出了最大貢獻，當時開始有人利用遊戲的經濟活動賺錢。虛擬貨幣是突破的重要關鍵。珍思洞允許玩家彼此移轉遊戲世界裡的貨幣，結果，遊戲世界以外的世界就出現了繁榮的交易，在遊戲裡累積大量存款的玩家，將遊戲貨幣出售以換取真實貨幣，他們要不是賣給剛開始接觸遊戲的玩家，就是賣給想在遊戲世界裡累積更多財富的玩家。

本世紀初，我曾與一名玩家交談，他宣稱自己「擁有」整個珍思洞經濟體，而且他「為」開發者管理這整個經濟體。珍思洞擁有兩千到兩千五百名死忠玩家，因此就像經營一個小鎮的經濟。這名玩家主張他有這個權力，是因為珍思洞內部的金錢流通，絕大部分都由他經手。賣家把黃金賣給他，他再把收集的黃金賣給其他玩家。

當初在這個文字線上遊戲出現的古怪插曲，日後卻開展出很長的故事。問題是，這公平嗎？對某些人來說，這看起來像是用欺騙的手法，運用遊戲外的金錢，卻在遊戲裡獲得好處。

在美國與歐洲，真實金錢與遊戲金幣的交易，逐漸被視為一種問題。

這種現象當然破壞了遊戲的設計。遊戲原本希望金錢進入遊戲的速度，要跟正常玩家在遊戲冒險時產生金錢的速度一樣。遊戲設計金錢的原意不是要讓人打錢的——打錢是指有些人不是為了玩遊戲，而是單純在遊戲裡打怪賺錢，並且將戰利品賣給真正的玩家，這種行為完全違反了遊戲供人馳騁想像的性質。當人們玩著奇幻遊戲時，他們的樂趣來自於整個空間是奇幻的。如果有人因為花了數千美元購買遊戲貨幣與裝備，因此在一夕之間擁有龐大的力量與財富，這會毀了其他玩家的遊戲經驗。

另外，遊戲貨幣的法律地位也產生了一些質疑。從遊戲規定來看，將遊戲貨幣賣給別人是否合法？舉例來說，大富翁遊戲顯然沒有規定，你不能從口袋裡掏出真的二十美元跟其他玩家買下黃金地段。有些線上遊戲會禁止這麼做；有些則歡迎。還有一些遊戲明確表示，線上遊戲的真實金錢交易是非法的，但並未提出禁止的良策。

37 編按：這個遊戲的介面類似批批踢、聊天室的文字流，是第一個大型多人線上角色扮演遊戲。

到底這種行為在真實世界的合法性如何？線上遊戲通常都會要求使用者同意冗長的服務條款與最終用戶許可協議，之後才會允許他們進入遊戲。通常，這些協議都會禁止玩家把遊戲貨幣或遊戲物品賣給其他玩家。這樣的契約公平嗎？[10]

遊戲經濟現在流行雙重貨幣取得模式

再來看另一個線上遊戲的例子。一九九七年發行的《天堂》（Lineage）是最早的大型3D線上遊戲。它創造出新的遊戲類型：MMORPG（massively multiplayer online role playing game，大型多人線上角色扮演遊戲）。用「大型」來形容的確很貼切，因為它很快就吸引了一百萬名以上的玩家。

《天堂》是韓國遊戲，破天荒地同意進行遊戲貨幣的買賣。在韓國文化中，在遊戲裡花真實貨幣購買遊戲貨幣，好讓自己在遊戲裡獲得優勢，是稀鬆平常的事。

韓國的線上遊戲產業了解，玩家不僅想進行真實金錢交易，而且覺得這麼做沒什麼不對。對韓國遊戲公司來說，問題不是：「我們對真實金錢交易該抱持什麼立場，如果我們要禁止的話該怎麼做？」而是：「我們的玩家顯然想用真實貨幣來購買遊戲物品，我們該如何從中獲得利益？」

《天堂》推出十年後，線上遊戲標準的營收模式是每個月收取會員會費。一般來說，玩家每個月繳交十五美元就能玩遍遊戲所有內容。

然而販賣遊戲貨幣產生的龐大附加產業，促成另一種模式的出現：免費增值模式（freemium model）[38]。你可以不用繳交會費就能玩遊戲，但玩的內容有限制，這是免費帳戶的條件。因此，為了接觸特殊的物品、區域與獲得特殊的力量，玩家必須成為每月繳費的會員，或者是一次支付所有費用，就能得到所有內容，而大多數玩家也是選擇一次付清，好玩個痛快。

遊戲公司也開始提供以小額費用購買小配件的交易活動，此即微金額交易模式（microtransaction model）。貨幣可以活絡這種交易市場。個人的盔甲可以直接賣給玩家，但盔甲本身如果擁有微薄的真實世界價值呢？當然，販賣價值幾美分的盔甲毫無意義，光是交易成本就會吃掉利潤。所以，玩家可以用五到十美元購買五百頂或五千頂王冠，至於一副盔甲就用遊戲貨幣來支付。餘額則可以花在別的東西上。

這最終產生了目前在虛擬經濟中相當流行的雙重貨幣取得模式：一種是只能透過遊戲取得的貨幣，另一種是用真實美元買的貨幣。

遊戲的演變，使得遊戲公司藉由販售遊戲貨幣賺到更多錢。這很合理，如果真實金錢交易是有價值的服務，為什麼要讓第三人從中獲利？有錢為什麼不自己賺？

美國有個發明者也注意到這一點，不過切入點不是遊戲空間。「第二人生」是一個平臺，不是一款遊戲，它提供的服務讓使用者能在虛擬國度裡創造虛擬空間。在早期，第二人生的所有者林登實驗室（Linden Labs）[39]採用一種獨特的營收模式。簡單地說，第二人生是地主，靠賣土地維

[38] 編按：在未付費前，免費提供玩家玩遊戲一段期間或使用部分功能，如果玩家希望有更好和進階的服務時，就得付費變成「Premium」會員。

[39] 編按：是一家數位娛樂開發公司。

生。第二人生也發行貨幣，即林登幣（Linden Dollar），使用者可以彼此交易。

隨著使用者自行創造各種不同的數位產品，並且進行販售，第二人生的經濟規模也越來越大，真實金錢也流入第二人生進行土地炒作。林登實驗室允許林登幣與美元自由交易，而兩者的匯率一直維持平穩。此外，林登實驗室也首次公開發表它的經濟資料，這種做法目前只有少數公司跟進（其中比較知名的是CCP，即《星戰前夜》的發行公司）。

第二人生顯示出一個重點，那就是虛擬經濟與虛擬貨幣的價值來源不在於遊戲本身，而在於提供使用者自我呈現的服務與社交網路。

遊戲貨幣的新品種：屠龍點數

在上述所有的例子裡，遊戲貨幣是由個別的開發商企業支持與管理。然而，也有一些重要的例子，遊戲貨幣的出現與企業毫無關係。我們提過的《魔法風雲會》，一開始原本是純粹的實體紙牌遊戲：玩家使用套牌，實際面對面競爭。然而，當《魔法風雲會》成為線上遊戲之後，便產生了虛擬貨幣，即活動入場券。

貨幣的出現，來自於玩家需要貨幣，而且剛好有充當貨幣的東西。這不是孤例，事實上，這種做法很快成為通例，例如屠龍點數（dragon kill poins, DKP）11。屠龍點數是為了因應掠奪型遊戲者社群的需求而產生的。

掠奪是一種遊戲模式，一大群玩家，有時甚至可達數百人，他們一起進行冒險打怪，而設計者也因應他們的需要，開發了各種不同的怪物。在許多遊戲中，這些怪物提供了最好的戰利品，但有時怪物的戰利品相當稀少，而且需要好幾個玩家共同合作才能將它擊敗。也就是說，怪物的實力太強，光憑一個玩家不可能打倒，往往要串連數百名玩家才能獲勝，然而獲勝之後的戰利品卻十分有限。設計者為了補償這點，讓玩家願意打怪，於是刻意讓怪物的戰利品極具威力——「遊戲中最強的斧頭」等等諸如此類。

這對於持斧頭的冒險者構成問題。我要打怪幾次才能拿到我要的斧頭？三月十七日，我與一百九十九個人組隊打怪，我們成功殺死怪物，而怪物交出了強大的魔杖。這對我們隊上的巫師有利，但對於拿斧頭的人一點好處也沒有。下一次，四月十二日，怪物交出來的是寶弓。對獵人有利，跟我無關。五月二十二日，隱形盔甲——這是竊賊要的，我可不是賊。

終於，六月一日，這回輪到我了！怪物扔下一把無堅不摧的大斧！萬歲！遺憾的是，在兩百名掠奪者中，拿斧頭的人有十個。我們擲骰子決定誰得到斧頭，當然，我又輸了。更糟的是，這是我第四次參加掠奪，等於是白白幫人家忙，但拿到斧頭的人卻是第一次參加掠奪。這實在不公平，我要參加幾次冒險才能拿到斧頭呢？

屠龍點數就是為了解決這個問題而產生的。隊伍的領袖不是由遊戲公司指定，而是由玩家自己推選，通常是玩家公會或玩家俱樂部的幹部，領袖的職責是將屠龍點數分配給參加掠奪的每一個玩家。俱樂部會成立網站與資料庫，記錄成員的屠龍點數。我們的刀斧手每次出去掠奪，就會拿到一些屠龍點數。當無堅不摧的大斧出現時，所有的刀斧手就可以利用自己的屠龍點數競標。當其中一名玩家標得斧頭時，俱樂部幹部就會記錄最高的標價，並將所需點數從得標者擁有的屠龍點數中扣除。

屠龍點數因而變成一種貨幣，可以用來分配掠奪來的稀有物品。屠龍點數是由玩家發行、記錄與兌換。屠龍點數可以自由移轉，也可以依照玩家公會的政策更動。

隨著掠奪的演變，屠龍點數也擴大成為固定制度。有一段時間，掠奪都是由一小群菁英與關係緊密的公會會員進行，這些人在真實生活中也彼此認識。遊戲的玩法與設計，逐漸讓掠奪成為更一般、更隨機組合的活動。在這種狀況下，屠龍點數配置掠奪物的功能，也獲得更廣泛的運用。有時候幹部太忙而無法管理屠龍點數，市面上就有現成的程式可以代替公會幹部執行屠龍點數系統。舉例來說，魔獸世界裡使用的eqDKP[40]程式可以自動結合遊戲的伺服器，記錄參與掠奪的玩家資料。它能向玩家顯示屠龍點數，以利玩家針對戰利品進行競標。

這些生動的屠龍點數程式，已經成為自動化的軟體，可以讓任何玩家發行與管理自己的虛擬貨幣，來滿足玩家的各種目的。在二十一世紀之初，與十六世紀開始時一樣，商品、個人物品與官方貨幣的界線，變得非常、非常模糊。

[40] 編按：eqDKP一開始是沿用《無盡的任務》的點數管理程式，後來包括《無盡的任務2》、《魔獸世界》等多款遊戲，多沿用此模組修正後使用。

第三章

我可以
自己發行貨幣嗎？

私人或企業發行的貨幣，到底是不是合法的？從美國的法律判決歷史來看，虛擬貨幣似乎是「聯邦法與州法、各種條例與法規的三不管地帶」，沒有法律明文禁止虛擬貨幣，因此，這些貨幣自然是完全合法。

美元如何成為美元？

私人發行自己的貨幣合法嗎？

這問題在不同國家，可能會有不同答案。為了方便起見，我們將把焦點放在美國。因此：在美國，私人發行自己的貨幣合法嗎？美國憲法的草創者並未提到《魔獸世界》（World of Warcraft）的金幣，也沒有談到亞馬遜幣。你也許會感到吃驚的是，他們連「美元」（dollar）是什麼，也沒有定義。在美國憲法中，賦予國會鑄幣與管制貨幣價值的權力，但憲法中數次提到「美元」，卻沒有說明貨幣是什麼。另外，憲法也沒有明文禁止政府以外人士鑄造自己的貨幣。[1]

儘管如此，美國公民伯納德・馮・諾特豪斯（Bernard von NotHaus）最近還是因為「發行自己的貨幣」而被捕入獄（根據檢察官的說法）[2]。司法部是對的嗎？法律禁止人民發行自己的貨幣嗎？至少在美國，關於貨幣的法律規定並未出現在美國開國文獻上，但在其他地方卻已存在數十年。

為籌內戰軍費，開始發行沒有金銀儲備的法定紙幣

其實，美國國會直到第二屆才有精神定義美國的貨幣，當時是一七九二年，設定一美元折合三七一・二五格令（相當於二十四公克左右）的純銀，這可是滿重的金屬貨幣。凡是降低貨幣成色

者，處死刑，這個條文至今依然有效，即使政府幾乎已不鑄造金幣或銀幣。

雖然美元是以商品來定義，但不是所有貨幣都是以商品形式發行。政府通常是發行紙幣，以金銀儲備來加以「支持」。持有紙幣的人，就有權利用紙幣兌換固定數量的金銀。

我們在上一章提到，擁有金銀儲備的人可以發行數倍於金銀儲備的紙幣，並且在相對程度上不必擔心失敗。假如政府擁有一百根金條，那麼政府可以發行價值一千根甚至更多金條的紙幣，並且可以很有信心地說「憑紙幣可以向政府兌換黃金」。因為，只要在任何一個時間，同時向政府要求兌換金條的紙幣持有者不超過一百名，政府就可以在系統中維持比黃金儲備更多的貨幣。

南北戰爭㊶爆發前，美國一直以這種方式發行貨幣。當戰爭壓力迫使華府印製（與花用）大量紙幣時，要滿足紙幣持有者兌換金銀的要求，就變得越來越困難。在這場危機中，國會開始發行法定貨幣——通過立法，允許政府印製一億五千萬美元的紙幣，並且要求所有從事經濟活動的人，都必須接受這些紙幣為法定貨幣。[3]

一八七〇年，最高法院必須以判決確定這項立法為有效。在描述本案時，最高法院特別用引號將「美元」標示出來。法院認為金錢有兩個面向。一方面，你可以發行貨幣。另一方面，你可以要求民眾接受法定貨幣是既存的「金錢」。毫無疑問地，政府可以發行任何形式的貨幣，它可以是金屬圓盤，也可以是河狸皮。不過，美國首席大法官切斯（Chase）表示：

㊶編按：美國南北戰爭於一八六一年開始，一八六五年結束。起因於南方蓄奴州組成自己的南方邦聯並宣稱獨立，北方各州在林肯總統的領導下最後戰勝。

> 憲法上沒有明文規定，發行貨幣的權力等同於讓貨幣成為法定貨幣的權力。相反地，美國建國以來的歷史已反駁這種觀念。政府有權力授權與管制銀行或個人發行的貨幣流通，而就在不久之前我們才判定，銀行或個人發行貨幣必須受到國會的控制監督，以建立與維護全國性的貨幣；儘管如此，憲法並未明文禁止國家以金銀幣做為法定貨幣。這點決定性地指出，發行貨幣的權力與讓貨幣成為法定貨幣的權力並非同一種權力，因此兩者之間並無必然的連結。[4]

這段話有幾處值得說明。首先，法院反覆重申以下事實：**雖然政府已經發行貨幣，但私人銀行乃至於個人也可以發行貨幣。銀行與個人必須接受管制，但他們發行貨幣的行為顯然不違法。**其實，在一八七〇年當時，在先進經濟體裡，個人與私人銀行從事貨幣發行，至少已有數世紀的歷史。發行貨幣是既有存在的行為。

其次，最高法院判決，發行貨幣與強制要求民眾接受該貨幣，是兩個不同的問題，而憲法並未明文規定有強制要求民眾接受貨幣的權力，法院亦無前例可循。因此，最高法院判決，沒有人可以被強制要求接受某種貨幣，就算該貨幣是由政府發行的也一樣。

這項判例的效力並未持續多久。強大的反對聲浪認為，政府的緊急權力必須涵蓋發行紙幣的權力，與讓紙幣成為法定貨幣的權力，而這種論點在數年間逐漸成為最高法院的主流見解。到了十九世紀末，最高法院明確表示，政府有發行法定貨幣的權力。儘管如此，美國還是繼續接受紙幣與金銀間的兌換。雖然政府有任意發行紙幣的權力，但政府對於這項權力的行使仍有所保留。

大恐慌時期，政府命令民間上繳黃金

一九三三年，經濟大恐慌引發的金融危機，促使當局採行非常時期的貨幣政策。[5]小羅斯福總統發布行政命令，要求所有美國民眾與私人銀行將黃金送往聯邦儲備局（Federal Reserve），每盎司黃金可換取紙幣二〇・六七美元。㊷

經濟體系裡少了私人黃金，國家貨幣就少了一個競爭的貨幣。當時，民間的契約條款可以規定以黃金支付。但在小羅斯福發布行政命令，將民間所有黃金送入政府的儲備金庫之後，國會就通過立法，讓這些以黃金支付的條款歸於無效，也就是說，將黃金摒除於支付手段之外。這些步驟全在一九三四年的黃金儲備法（Gold Reserve Act）獲得重申，隨後又得到最高法院的同意。

美國政府（與世界上其他政府一樣）有數十年的時間，持續接受紙幣兌換金銀（參見第83頁的金本位注釋），做為美國與其他國家貿易的一部分，但這部分也於一九七〇年代瓦解。如今，幾乎所有現代經濟體都以法定貨幣為基礎，法定貨幣的購買力僅僅來自於民眾對法定貨幣購買力的信任。[6]在虛擬貨幣出現爆炸性成長之前，國家支持的法定貨幣，依然居於唯一通行貨幣的地位。㊸

㊷編按：黃金重量的計量單位有盎司、克、公斤、噸等，一般通用的單位為盎司，一盎司約三十一克。

㊸儘管如此，國家強迫我們接受法定貨幣的能力有其局限。法律強制規定「債權人」要接受「債務人」支付的任何形式的美元。但法律未強制規定販賣商品的人必須收受美元不可。你不能強迫車商接受買家用美分來支付四萬美元的車款。另一方面，國家法律規定巴士必須接受美分，這項法律已經通過司法的審查。http://www.treasury.gov/resource-center/faqs/Currency/Pages/legal-tender.aspx, accessed February 11, 2013.

私人發行貨幣是否合法？法律並未明文禁止

雖然法定貨幣是現在的主流，但銀行與個人發行自己的紙幣，其實有相當古老的歷史，這可以從歷史文獻中看到端倪。

美國在十九世紀對於發行貨幣，做出兩項耐人尋味的限制。[7] 首先，美國各州政府不能「發行」貨幣——憲法把鑄幣權保留給中央政府。其次，各州可以透過總部設在州內的私人銀行來「管制」貨幣的發行。舉例來說，有幾個州允許銀行發行貨幣，但僅限於大面額的紙鈔。理由是大面額紙鈔的持有人，更可能返回銀行兌換黃金，因此，銀行就必須保留更多的黃金儲備。銀行如果擁有較多的黃金儲備，也比較不容易倒閉。政府這麼做是為了迫使銀行維持適當的黃金儲備，希望藉此讓金融系統更加穩固。

但是，限制發行小面額貨幣，引發了奇怪的現象：貨幣的面額太大！想像一下，如果現在我們手中握有的紙鈔只有一百美元這麼一種面額，你要怎麼買飲料？因此，到了十九世紀中葉，美國的農民與商人開始發行自己的貨幣。[8] 有些紙鈔上印著「美元」字樣；有些紙鈔的面額則以商品與勞務來表示，舉例來說，某個農民發行的紙鈔上可能寫著，「憑券換取布朗農夫的十蒲式耳小麥」。一八五一年，政府為了解決紙鈔面額過大的問題，決定發行三美分硬幣（trime）。[9] 但個人發行貨幣的合法權力並未受到質疑。

這種現象在南北戰爭期間發生變化。首先，為了確保政府小額紙幣的購買力，政府禁止私人發行面額小於一美元的貨幣。當時的一美元要比現在的一美元價值來得高：一磅培根的價錢是六美分[44]。但是，個人還是可以發行以商品與勞務為面額的貨幣。但到了一八六四年，國會宣布發行金屬鑄幣做為貨幣是非法的行為。這一連串的限制，漸漸使大量的私人貨幣被摒除在經濟活動之外。

私人貨幣「憑證」，在局部地方流通

儘管如此，一九三〇年代的銀行危機，使得地方性的私人貨幣死灰復燃。當銀行出現支付困難，甚至倒閉時，民眾就開始囤積銀行發行的貨幣，因為他們擔心，手中的貨幣一旦用掉就沒有了。但是當民眾不願使用貨幣，反而對銀行造成更嚴重的傷害，而且也造成貨幣短缺——要買東西時，找不到貨幣支付。於是，公司行號改以私人貨幣支付薪水給員工，這種貨幣稱為「憑證」（scrip），上面的面額是美元，公司承諾未來可以兌換成「真實」貨幣。諷刺的是，「真實」金錢，也就是美元，實際上在市面的流通量越來越少，幾乎完全消失。

在當時，這種憑證的發行是被政府允許的，因為憑證是地方貨幣，憑證有時間、地點與兌換

[44] 編按：根據沃爾瑪網站資料，現在一磅培根約三・九八美元，價錢約當時的六十六倍。

內容的限制，而不是在全國流通。但無論這些對私人貨幣的限制是否合理，這些限制顯然都不是現行法規所制訂的。

現今的聯邦法並未明確界定私人貨幣的地位。《美國法典》㊺（U. S. Code）第十八部第十七章第三三六節，禁止任何人發行面額少於一美元的貨幣。第二十五章第四八六節，禁止鑄造金屬貨幣在全國流通——違者可處五年徒刑。四九一節，也對製造、發行或流通任何錢幣、紙卡、代幣或金屬製品或其混合物，並企圖充當貨幣的使用者定了罰則。此外，也禁止偽造任何「由美國官署為供應糧食或衣物而發行或授權」的代幣、圓盤、紙幣或其他製品。

這些法律成了起訴諾特豪斯先生的依據，他發行的「自由美元」（Liberty Dollars），外觀看起來像美元錢幣一樣。美國檢察官針對此案發布的新聞稿，標題是「被告犯下自行鑄幣的罪行」，不過本案實際的指控卻是「製造的貨幣類似美國貨幣；發行、流通，販售與擁有自由美元貨幣；發行與流通自由美元貨幣，意圖做為現行貨幣使用；與陰謀反對美國。」[10] 如果我們仔細閱讀這段話，那麼諾特豪斯先生被判處的罪名是製造類似美國貨幣的貨幣——而不是製造私人貨幣。

儘管如此，從判決看來，美國政府似乎認為，自己有權力管制所有的私人貨幣。在諾特豪斯案進行司法審理時，聯邦檢察官宣稱，政府有廣泛的權力限制私人貨幣的流通。本案法官認為，這項主張在本案非屬必要，因而在判決中駁回這項主張。他的判決使政府的主張處於效力未定的狀態。

所以，在美國，私人發行自己的貨幣是否合法？目前沒人知道。

企業紅利點數沒有違法，但可能有稅務問題

企業貨幣的法律問題呢？法律在談到企業的紅利計畫時，多半側重在是否應該課稅的問題上，而非計較它們做為貨幣的地位。

這方面的討論可以追溯到三十年前，但常客飛行里程數的可稅性至今依然未解。[11]從二〇〇二年起，美國國稅局就不再針對民眾因為促銷活動而得到的利益課稅。[12]但在二〇一二年三月，花旗銀行──多年來一直提供常客飛行里程數給新開戶的顧客──決定向新帳戶持有人寄發稅務申報單，將常客飛行里程數視為所得稅的一部分，[13]帳戶持有人於是發起團體訴訟。因此，雖然國稅局認為紅利點數是價格折扣或貼現，但至少有一家大公司擔心，這些項目可能屬於所得稅。

不過，讓我們思考加拿大的一個案例。

二〇〇七年，克拉克．強森從安大略的桑德貝（Thunder Bay）前往芝加哥接受醫療照顧。他在加拿大航空常客計畫（Air Canada Aeroplan）系統上，將常客飛行里程數兌換成現金，並且又付了二二〇美元。報稅的時候，他把這二二〇美元視為醫療費用，加拿大國稅局接受他的說法。但強森也主張，他使用的常客計畫點數的價值，也屬於醫療費用。

他認為，如果完全自掏腰包購買，那麼飛行的費用將達到二二八〇美元。因為，他使用的七

㊺ 編按：《美國法典》是一部收集所有法律而成的書。美國法律的產生方式是：由國會議員提出法案，獲得國會通過、總統批准之後，就成為法律，接著國會眾議院就會把法律內容公布在《美國法典》上。

萬六千英里，每英里可折合三美分。顧客也可以以每英里三美分的代價直接向常客計畫購買常客飛行里程數。加拿大國稅局也同意，這是從強森轉移到常客計畫的「金錢價值」，但是他完全不用花費任何加幣，也就是說，他實際上並未支付任何費用。

二〇一〇年，本案法官判決「已付數額」也包括權利移轉，例如兌換常客飛行里程數以搭乘班機的權利。[14]這項判決實質地將常客飛行里程數轉變成金錢，這或許解釋了兩年後美國花旗銀行為什麼決定，將常客飛行里程數視為金錢，而進行稅務申報。

然而，這不表示紅利點數是非法的。《韋氏美國法律百科全書》認為優待券與折價券（常客飛行里程數也涵蓋在這項分類中）是法律義務的代幣，它們代表提供有價事物的承諾。因此，優待券與折價券牽涉到契約法與刑法，「可贖回」的代幣若不能贖回，等同於詐欺。

因此，常客飛行里程數是否為法律定義的金錢，以及其是否獲得允許，針對這個問題我們最後的答案是：「或許。」

虛擬財產的法律地位，可借鏡智財權、賭博、運動法規

接下來，讓我們思考虛擬貨幣、遊戲金幣與遊戲點數，這些過去從未有過，未來也不可能擁有實體的東西。我們可以嘗試從紅利計畫的法律來解釋它們，但如我們所見，這麼做收效不大。

最近有幾位法律學者提出虛擬財產的法律地位問題。在開創性的分析中，葛瑞格・拉斯托卡（Greg Lastowka）與丹・杭特（Dan Hunter）認為，基於對虛擬一詞的一般歷史與法律理解，虛擬物件必須視為財產。[15] URL ❹❻（或稱網址）與虛擬金幣，兩者之間似乎沒有太大差異。[16] 這兩樣都是無形物品，即使這兩樣東西無法歸類到既有的無形資產分類中，例如智慧財產權，但人們卻主張對它們擁有所有權。

拉斯托卡與杭特寫道，既然法院與國會很久以前就已經承認，網頁地址是一種財產權，那麼他們也應該承認虛擬物品的財產權。

但在日後的論文中，拉斯托卡提出了反證：與網址不同，遊戲與社群媒體創造的財產，其稀

❹❻ 編按：URL（Uniform Resoure Locator：統一資源定位符）是WWW網頁的地址，俗稱為網頁地址。統一資源定位符的標準格式如下：http://zh.wikipedia.org/zh-cn/URL。

少性是人為的。[17] 虛擬世界出現土地、椅子與假髮這類商品，也是出自設計者自己的想法。這些物品本質上不是財產，它們只是被塑造成財產的樣子。拉斯托卡討論這個觀點時表示，許多珍貴事物的稀少性，完全是人為的。他舉高級時尚與棒球卡為例，但他其實可以舉更淺顯的例子，那就是美元。美元也是無形的，它的價值只是透過有意的數量控管而加以維持。如果美元與棒球卡是財產，為什麼虛擬的頭盔或金幣不能是財產？

總之，法律一直沒有好好考慮這個問題。**美國法院判決幾乎不碰觸虛擬財產的地位問題，他們總是從智慧財產權的角度來思考。**因為虛擬金幣會在某個時點，存入隨機存取記憶體的晶片上，因此這類案子只是單純的智慧財產權的複製問題，二〇一〇年，審理ＭＤＹ公司與暴雪娛樂公司訴訟案㊼的法院就是這麼說的。（MDY Industries, LLC v. Blizzard Entertainment, Inc., 2010）[18] 至於使用者與公司之間的軟體使用契約，是否提及遊戲財產的法律地位，迄今沒有任何法院給過判決。

虛擬貨幣的地位也是一樣，目前尚未出現任何有關判決。**與紅利計畫以及常客飛行里程數類似，虛擬貨幣引發的第一個法律問題，不在於它是不是貨幣，而在於收受虛擬貨幣是不是應該課稅的所得。**[19] 一方面，法律規定非現金的財富滋長應該課稅，因此，遊戲金幣即使不被視為金錢或現金，依然會產生稅捐義務。畢竟，以物易物的交易也會產生繳納營業稅的義務。

但在二〇〇七年的一篇論文中，法律學者琳卓・雷德曼（Leandra Lederman）指出，透過努力獲得的財富，例如從海裡捕到的魚，只有在賣出時才要課稅；採蘋果時不用課稅，只有在販售時才要課稅。把這個理由適用在虛擬世界與社群媒體上，就可以得到一個推論：在虛擬世界獲得的任何東西，都是不用課稅的，除非你把它賣掉，得到外在世界的金錢。另一位法律理論家布萊恩·坎普（Bryan Camp）則認為，這種說法雖然可以解釋遊戲的狀況，卻無法合理說明其他狀況。舉例來說，你可以想像一下，母公司以成品向使用虛擬貨幣的子公司換取原料，其實就是得到一個完全的免稅避風港。

所以，虛擬財產是「財產」嗎？是的。虛擬財產是法律意義下的財產嗎？也許，有時候是如此。到現在為止，它仍被視為智慧財產權，但虛擬財產能否算是真實財產，這個重要問題卻未獲得處理。虛擬財產是不是貨幣，這個問題也沒有下文。無論是研究文獻還是法律，都未曾在虛擬貨幣與法律貨幣之間建立連結關係。

賭博的籌碼不在賭場外使用，就算合法

或許我們可以在賭博與運動相關法規中，為虛擬貨幣找到法律的容身之處。

遊戲與社群媒體的許多經濟活動中，使用者要採取某種行動，然後可以隨機地獲得報酬，這多少與彩券的本質有關。

韓國與日本的法院最近就判決，虛擬世界的遊戲戰利品與諸如此類的東西，就是構成賭博行

㊼ 編按：暴雪娛樂公司控告ＭＤＹ公司開發《魔獸世界》外掛程式，讓玩家可以逃避監控而快速自動打怪升級，造成暴雪公司流失大量註冊費。法院裁決該外掛程式違反相關版權法案。

為，應予以管制規範。[20]美國有些州的法典也可以以這種方式來加以詮釋，法律條文顯然有足夠的空間將虛擬世界的物件涵蓋在內。[21]那麼，賭博使用的籌碼擁有什麼樣的法律地位呢？顯然，籌碼的所有人是賭場，籌碼不能在賭場外當成貨幣工具來使用。唯有負責發行的賭場才能贖回這些籌碼，而且有時間的限制。

以諾蘭・達拉（Nolan Dalla）的故事為例，二〇〇七年，在拉斯維加斯美高梅大酒店（MGM Grand）裡，某個朋友給了他五千美元的籌碼。但他到賭場兌現時，他無法向賭場證明，這些籌碼是他在賭場裡贏來的。所以酒店便沒收了他的籌碼。

《拉斯維加斯太陽報》一篇文章指出，賭場的行為並未逾越權利範圍：內華達州的法律定義籌碼是賭場的財產，並且禁止在賭場外使用籌碼。[22]報導也指出，內華達州通過法律，接受「聯邦法禁止創造新貨幣」的規定，但實際上並沒有這類規定（或至少並未明確規定）。文章也提到，希望讓法規與「現存的賭場會計程序」一致，如果這麼做的話，影響會相當深遠。如果賭場的籌碼是貨幣，那麼每一次有人贈與籌碼時，將會多一筆所得稅與營業稅的負擔。賭場擁有內部流通的貨幣對賭場有利，前提是這種貨幣並非法律意義下的貨幣。內華達州的法律因此做了修正。

羅德島州的法律則認為，可贖回的優待券與折價券只能隨機地換取物品，因此是彩券的一種，所以宣布為非法。在這裡，爭議點不是賭場的貨幣問題，而是整個州的貨幣問題。在美國，各州有壟斷彩券販賣的權力，因此唯有州政府才能經營彩券業。我們不難想像有人經營彩券業，前來購買彩券的人不是用錢購買，而是用代幣或優待券，而羅德島州的法律禁止這麼做。[23]

在賭博的世界裡，代幣被認為是完全合法的，只要代幣不被當成一般形式的貨幣來使用就沒

有關係。以真實金錢來賭博，這點受到嚴格的管制；以代幣來賭博則可以接受，前提是代幣不能取代真實金錢。賭博的相關法律似乎允許一個分離的經濟領域存在，讓賭場或遊戲經濟可以在這個神奇的領域裡自由運作。也就是說，法律在賭博經濟與外在經濟之間劃下了一道界線。

運動比賽時被衝撞，可以告人傷害嗎？

和賭博經濟類似，法律也在運動的外圍，設立了一道類似的牆。拉斯托卡對於運動法與虛擬物品做了頗具啟發性的類比。24 他舉達爾・哈克巴特（Dale Hackbart）為例，這名美式足球員在比賽中受傷，後來他提出訴訟，控告其他足球隊員攻擊他。一審法院駁回了哈克巴特的主張，認為一般的攻擊法規不能適用在足球場上。但上訴法院卻接受了哈克巴特的控告，法院認為，雖然足球規則與在街上散步的規則不同，但依然有規則可循。在本案中，傷害哈克巴特的足球員違反了足球的規則。這項判決給了比賽規則一定的法律地位。

然而，後來在一個殘障高球選手的案子㊽中，該名選手希望在比賽時使用高球車，美國最高法院判決認為，真實世界的法律優於比賽規則。法院經過漫長而艱困的思索，在考慮了「高爾夫

㊽編按：前美國職業高爾夫球手凱西・馬丁（Casey Martin）因右腿先天缺陷，無法長時間行走，所以他向ＰＧＡ巡迴賽官方提出要求，希望在比賽中可以使用高爾夫球車。但ＰＧＡ認為，行走是比賽的一部分，如果使用高爾夫球車，會使馬丁在體力方面比其他選手占有優勢。ＰＧＡ拒絕之後，馬丁便向法院提起訴訟。法院最後判決馬丁勝訴。

球」比賽的本質，以及搭乘高球車是否在本質上違反了高爾夫球的運動精神之後，最後認定，高爾夫球是一項把球打進洞裡的運動，因此，搭乘高球車並不違反高爾夫球的核心精神，因此並未侵害平等競技的原則。

法院確實考慮了運動的規則與運動的中心精神，即使判決妥適，還是留下了待解的難題：我們還是不知道遊戲貨幣是否合法。就電玩遊戲的精神來說，遊戲裡的貨幣可以（或不可以）用來購買電影或歌曲，是否真的那麼重要？如果遊戲跟龍有關，那麼或許沒那麼重要，但如果遊戲與經營一家虛擬花店或在股市交易有關呢？或者是涉及到國際貨幣套利？在這種情況下，虛擬日圓與虛擬歐元的交易是否已觸及到遊戲的核心精神？更進一步來說，如果玩家可以用虛擬日圓買進「真實」日圓，那又會如何？

美國有關準貨幣的歷史，使得絕大多數虛擬貨幣的法律地位，一直處於妾身未明的狀態。虛擬貨幣是否就像賭場籌碼或私人貨幣一樣？如果從貨幣在現代經濟扮演著核心角色來看，這個問題一直未受關注，實在令人訝異。即使許多分析家描述，這個領域是「聯邦法與州法、各種條例與法規的三不管地帶」，但似乎沒人想解決這個核心的法律問題。25

對於處於爆炸性成長的新貨幣，我們仍缺乏一般性的法律架構來加以管理。在往後的章節，我會提出這類法律架構的可能基礎，而在現在，既然沒有法律明文禁止虛擬貨幣，那麼這些貨幣自然是完全合法。

第四章

遊戲貨幣是貨幣嗎？

貨幣有三項功能：交易媒介、記帳單位與儲存價值，但前提是，社會普遍同意某件物品是貨幣，才能擁有這三項功能。換句話說，只要一群人接受，它就可以是貨幣。

大多數人認同並使用，虛擬貨幣就算是貨幣

我們現在知道，虛擬貨幣顯然是合法的，因為沒有任何法律明文禁止人們創造新形式的貨幣並讓他人使用。事實上，這正是許多人在做的事。但是，這些貨幣真的是「貨幣」嗎？可能在某些社群媒體裡的人喜歡稱之為貨幣，但實際上並非貨幣。

傳統貨幣的三項功能

貨幣在教科書上的定義很簡單，貨幣有三項功能：交易媒介、記帳單位與儲存價值。而且，幾乎任何物品都能執行這些功能，鯨魚可以是貨幣、想像的綠色小馬也可以是貨幣。然而，在人類的貿易競賽中，某些物品要比其他物品更常做為貨幣。經濟學家認為，這些物品要比其他物品，更能執行貨幣的核心功能。

但我認為，應該不只這樣。某些物品之所以能成為貨幣，而且持續充當貨幣，是經由一段社會均勢[49]的過程才會如此。換句話說，某些物品之所以能成為貨幣，是因為我們普遍同意它是貨幣。當我們同意某些物品是貨幣時，該物品就能滿足貨幣定義的三項功能。也就是說，不是具有這三項功能就使某些物品成為貨幣，而是社會均勢過程使某些物品神聖化，使其成為「貨幣」這

個獨特的人造物；一旦被神聖化之後，則無論好壞，這個人造物必能滿足貨幣的三項功能。因此，虛擬貨幣沒有理由不能滿足這三項功能。

如果社會均勢過程尊奉虛擬貨幣為貨幣，那麼虛擬貨幣就會是貨幣。我們可以提出一些證據證明這種現象正在發生。在本章中，我要用三個步驟來證明上述論點：

首先，我要討論教科書裡的貨幣功能，而且要另外增添第四項功能——貨幣能提供快樂——這項功能一直為人們所忽略。然後，我要檢視讓物品變成貨幣的社會過程。最後，我要評估今日的虛擬貨幣能滿足貨幣的核心功能到什麼程度。

貨幣本身不是物品，貨幣是貼在物品上的標籤。香菸永遠是香菸，但在某個時間與某個地點，香菸卻可以變成貨幣。

傳統上，我們會用經濟學教科書的定義來辨識某個物品是不是貨幣。[1] 根據標準的說法，某件物品若能滿足以下條件，就可以稱為貨幣：

一、可以做為交易媒介：民眾用東西來換取貨幣，但貨幣本身並無用處，主要是可以用來換取別的東西。

二、可以做為記帳單位：當民眾以口頭或文字訂定契約時，會使用能充當貨幣的東西來表示

㊾編按：社會均勢的意思是，當考慮到別人的策略選擇後，每一個人都能相應做出好的、跟大多數人相同策略選擇，這種狀態就叫均勢。

價值。如果一件東西可以回答出「那頭駱駝值多少這件東西？」這類的問題時，這件東西就可以充當貨幣。

三、可以儲存價值：如果民眾將充當貨幣的物品收集起來，放置於某處不用，日後還能將它們拿出來購買東西，那麼這些物品就發揮了儲存價值的功能，可以用來支應未來的需要。它不因時間影響，依然能維持一定的購買力。

毋須黃金擔保，也毋須法律規定

教科書的這三項定義，既具功能性，也具描述性，但都未提到哪些種類的東西可以滿足這些功能，也沒有提到哪些物品必定可以或必定無法滿足這些功能。定義沒有提到貨幣的背後是否有別的東西「支持」，就像紙幣後頭有黃金「支持」一樣。在監獄裡，香菸沒有任何東西做為擔保，但依然能滿足貨幣的三個定義。貨幣的定義也與法律無關。可以充當貨幣的東西，不一定非得在法律上被明文規定為貨幣不可。

教科書定義強調，必須符合這三項標準才能稱為貨幣。所以，不是任何東西都可以拿來當成貨幣，舉例來說：

普通股[50]一股可以儲存價值，但不是記帳單位，也不能與其他物品進行交易。普通股有時也可以交易，但你不能走進遊艇店裡，拿出一張蘋果股票就想買一艘船。

約當全職數[51]可以表示人力資源投資的比較價值，但你無法用一人一年的勞動力來買一輛車，你也不可能將一人一年的勞動力儲存起來（因為勞動之後，勞動本身隨即消失）。

另外，上個世紀兩次大戰期間發放的糧卡，可以做為交易媒介，但無法做為記帳單位，而且，因為大家沒想到戰爭會持續超過兩年，因此糧卡也無法儲存價值。

以上這些東西都符合貨幣的部分面向，但未合乎完整的定義。

如果你在無意識中認定，貨幣是最有價值的東西，那麼從功能來定義貨幣，可能會讓你感到混淆。我們出生在一個以單一標準來衡量物質價值的社會裡，在這種環境下，我們很自然地以為東西是以價值來定義。但價值或「效用」（經濟學家喜歡使用的詞彙）的概念太難捉摸，不適合定義貨幣。社會在某個時刻總會有公認最重要的物質。一般認為，「金錢對每個人來說是最有價值的東西，因此價值決定了金錢，金錢是每個人都想要的東西。」

但價值完全是主觀的。一個人想得到某件東西，光是探究其中的理由，就是相當艱深的心理學問題。有時候，欲望來自於演化的驅力，例如尋求食物、性或安全棲身的地方。有時候，來自於社會地位的提升與更高的名望的欲望，也可以算是演化驅力，只是它不像飲食男女的欲望那樣古老而深層。

此外，物品價值的高低往往因時因地而異。琥珀曾經是極昂貴的物品，因為過去的人認為琥

㊿ 編按：股票因權利義務的不同，分為普通股、特別股或增資股。一般大眾買的多為普通股。

51 編按：約當全職數（Full-time equivalent, FTEs）是一種衡量人力成本的單位，意義是相當於一名全職員工的工作時數。舉例來說，某公司有三名員工，一週分別工作五十、四十、十小時，假設一週全職工作是四十小時，那麼這家公司的約當全職數就是二・五。

珀有神奇的功效（如果你不斷磨擦琥珀，琥珀會冒出火花）。犀牛角一直是相當熱門的商品，因為很多人相信它有壯陽的效果。另外不知何故，有個名叫「小賈斯汀」52的人的照片，在市場上可以賣到很高的價錢，這實在難以解釋。在此同時，也有應該極為貴重的物品，價格卻十分低廉，例如水，我住的地方，水非常便宜，儘管人沒有水就活不下去。

前提是：由社會常規認定

經濟學為了解釋這種現象，提出了主觀價值理論，認為人的喜好與欲望是不可知的。然而，喜好與欲望當然可知，只是經濟學把這個領域劃歸給心理學處理。經濟學只處理人們在市場中表達的欲望。

買家要購買某件商品，他們會比較其他商品後，在某個價格買進某些數量。當價格上漲時，購買的欲望下降。另一方面，在市場的另一端，供應商則願意提供商品換取買方支付的價格。當價格提高，賣家自然願意提供更多商品。如果我們加總所有願意購買的欲望，並且與願意提供商品的欲望做比較，我們總能發現有一方的欲望較為強烈。如果想買進商品的需求大於想賣出商品的欲望，那麼商品的價格就會上漲。價格上漲，自然會讓部分需求打退堂鼓，並且促使供給量增加。反過來說，如果市場的供給量超過了願意購買的數量，那麼價格下跌將使供給量減少，使需求量增加。

在雙方拉鋸的過程中，我們可以找到願意購買與願意販賣的欲望強度大致相同的點。在這裡

達成的價格，會是買賣雙方都感到滿意的價格。我們可以稱這個價格為「東西的價值」。

這個過程完全與交易物本身的價值與重要性無關，交易物可以是椰子與蘋果、船舶與封蠟、性與毒品。凡是可被擁有或交易的，都能成為市場的一部分。

是市場力量在決定交易的條件，而且沒有人能控制得了市場力量。

雖然我相信水對我個人來說十分珍貴，但這個信念幾乎無法影響水價。因為價格由交易條件決定，而交易條件則由全社會裡需求多的與需求少的人達成的均衡決定。需求的多寡純粹是主觀判斷問題，除非能深入商品的特定心理與社會性質，否則無從說明，而且這也已經超過經濟學的範圍。

經濟學的假定是，物品的價值是表現在它們的價格上，這基本上是一個主觀判斷的問題。這個假定是經濟學思維從十九世紀末發展以來的重要一步。經濟學家原本把商品的市價與商品的客觀價值連結起來，例如生產商品所需的工時。如果這個因果關係是合理的與穩定的，那麼我們應該可以認為，貨幣是社會上最有價值的物品，因為貨幣是用貴金屬或極為稀少且用處很大的東西製成的。

然而實際上並非如此。有些商品需要不斷地製作，卻幾乎不需要成本（社區劇場演出），有些物品幾乎不需要花工夫製作，卻非常昂貴（奢侈的洗髮精）。同樣地，在貨幣領域，有些貨幣是由

---

52 編按：Justin Bieber，加拿大歌手，會唱會玩樂器，十二歲時贏得歌唱比賽亞軍的影片，被媽媽上傳到YouTube，在網路一炮而紅，一出道就改寫兩項美國告示牌最年輕紀錄，風靡全球少女粉絲。

珍貴的物品構成，有些貨幣卻只是一堆紙。我們因此又回到之前提到的，社會上認為有價值的物品，來自於非個人的社會力量的驅使，而社會力量則是由一般人的欲望（無論是否合理）所驅動。同樣地，在非個人的社會常規影響下，凡是能滿足前述三項重要社會功能的東西，都可以貼上「貨幣」這個標籤。

這種以三種功能來定義貨幣的傳統想法，或許有修正的必要。我們在遊戲與社群媒體產業中可以看到，貨幣在娛樂事業上扮演著重要角色。

貨幣有沒有可能扮演第四種角色？貨幣有沒有可能出現第四種功能，也就是提供快樂？

對此，我們可以提出一種演化論點：我們的大腦似乎內建了一種功能，可以將抽象的象徵物想像成現實存在的物品。一件東西只要被社會常規接受為貨幣，這件東西就能令人感到愉快。而且，擁有金錢帶來的快樂，與金錢的用途無關，單純只是因為擁有金錢，就能讓人感到快樂。即使獲得的是象徵性的金錢，也能活化腦子裡的愉悅中心。凡是玩過大富翁的人都能感受到這一點——玩家一經過「由此去」，就能獲得兩百美元，那種快樂的心情，大家都曾有過。

我們可以辨識出貨幣的快樂功能：在生存遊戲中，分數是我們的貨幣，得到貨幣時，我們會感到一陣喜悅。關於這點，我會在第五章做更深入的討論。現在，就讓我們先說明白，其實貨幣給人的快樂是毫無理由的，而且，光是數錢就能讓人感到愉悅。所以，因為貨幣能帶給人快樂，這就意謂著，虛擬貨幣的發展會對人類的福祉帶來深遠的影響。

只要符合社會常規，任何東西都能滿足貨幣的條件

教科書定義貨幣時，並未指出貨幣的特定性質、物件或法律，而是認為能滿足貨幣功能的東西就是貨幣。那麼，哪些東西能滿足貨幣的功能呢？我認為，某些物品在經過特定的社會均勢形式，成為一種約定成俗的社會常規之後，就會雀屏中選成為貨幣。

在社會認同與符合一套共同規範之後，某件獲得眾人認可而成為大家交易的媒介，就能成為貨幣。而且也唯有在社會的同意下，交易媒介才能進一步成為記帳單位，商品交易時都必須透過它，也就是說它是可將價值簡便記錄下來的工具。此外，社會的認同若能延續下去，那麼原本充當交易媒介與記帳單位的物品，就會產生儲存價值的功能，也就是說，你可以將它放在某處長達一年，等到下一年再拿出來用時，人們依然能接受它做為交易媒介。

只有社會認同讓某件物品獲得貨幣的功能，某個一般或罕見的人造物，才能成為貨幣。

社會常規的現象主要可以透過協調賽局理論（coordination game theory）來說明，協調賽局理論是一九四五年約翰．馮．諾伊曼（John von Neumann）首倡的賽局理論的一個分支。在此我們不適合討論數學的賽局理論，但我仍需解釋協調賽局理論的概念，因為這是最能理解貨幣何以如此定義的方法。[2]

想像一場有兩名玩家的遊戲。每個玩家有兩張牌，一張紅牌與一張黑牌。每個玩家祕密選擇一張牌，然後把牌面朝下放在桌子上。他們喊「一—二—三！」然後同時掀牌。如果兩張牌一樣——都是紅牌或都是黑牌——那麼每個玩家各贏得一美元。如果兩張牌不一樣，那麼每個玩家各

輸一美元。如果玩家能協調選擇，那麼兩人就能贏。如果玩家未能配合對方出牌，兩人就會輸。

安全開車、性別戰爭，都是協調賽局

協調賽局經常出現在日常生活中。跳舞是協調賽局（以我來說，我在這方面欠缺協調賽局的天賦）。**開車也是協調賽局**：如果每個人都選擇開在道路右側——這裡的「右側」是以駕駛人的視角為準——那麼交通事故將會大為減少。如果我們在道路上相遇，我開在我這邊的道路右側，你開在你那邊的道路右側，那麼我們兩人就達成完美的協調；因為你的右側是我的左側，我們會分別行駛在道路相反的兩側，絕不會有相撞的機會。我們創造了雙贏。同樣地，如果每個人都行駛道路左側，結果仍是雙贏。如果駕駛人未能做好協調，例如有人開在右側，有人卻開在左側，那麼每個人都是輸家。

請注意在這些賽局中，「預期」所扮演的關鍵角色。我開在道路右側，因為我預期其他人也會做同樣的事。而對方也會預期我還有其他人會做同樣的事。由於所有人都預期每個人會開在右側，因此只剩下一個理性選擇：開在道路右側並且證明你的預期是對的。只要每個人都能或多或少做到理性，並且做出相同的選擇，在道路右側行駛的一般預期將會從觀察中得到證實：美國絕大多數民眾一直都行駛在道路右側。除了遇到事故與瘋子，我們是個靠右行駛的世界。

但也許有一天，某一件事讓你動搖了你的預期。假定白宮宣布下星期三是靠左行駛日，而且發動大規模宣傳要讓每個美國民眾都在那天靠左行駛。或許這麼做是為了同情英國、澳洲、印度與日本的駕駛人，因為他們長久以來都行駛在錯誤的一側。星期三早晨，我們一覺醒來，想著其他人會怎麼做。他們真的會靠左行駛嗎？我呢？我該做何預期？我的預期將決定我在還沒看到別人開車之前，一開始會開在哪一側。別人的狀況也跟我一樣。全國民眾都在思考他們該做什麼樣的預期，並以此做出決定。或許，當我們實際上路時，我們會看到，在某些地方，絕大多數人是靠左行駛。我們將會證實我們的預期，然後在當天靠左行駛。在某些地方，並不是每個人都靠左行駛，處於靠左行駛與靠右行駛這兩種行車文化的交界地帶，這裡將會是個不快樂的地方，因為混淆的預期將導致不良的社會協調。

另一個著名的協調賽局是性別戰爭。兩個彼此相愛的人想約會，選擇有拳擊或芭蕾舞。他喜歡拳擊，她喜歡芭蕾舞，但兩人不想各自單獨行動，而想一起活動。如果他去打拳擊而她去跳芭蕾舞，就是雙輸。如果兩人能協調做同一件事，那就是雙贏。然而，如果他們協調去做的事是拳擊，那麼男方贏得多一點；如果協調去做的是芭蕾舞，那麼就是女方贏得多一點。性別戰爭是個帶有利益衝突的協調賽局。真實世界的例子發生時，會伴隨著一些標準出現，例如使用英語做為商業語言，將有利於英語系國家。對所有從事商業的人來說，擁有共通語言當然是好事，但選擇英語（而非華語或Cajun語[53]）做為共通語言，對非英語系民族而言，只能說有好有壞。

協調賽局可以總括地思考文化問題。人類學家認為文化是一張意義分享的地圖，物品本身沒

[53] 編按：美國路易斯安納州南方法裔美國人的方言，源於法國巴黎的一種法語方言，但和法語有很大的差異。

有意義，要等到我們遇見它們，並且以某種方式對待它們之後，物品才具有意義。

當我們與人分享我們的做法，並且持之以恆地這麼做，我們就會賦予物品意義。我們觀察周遭的人在提到物品與相關經驗時，會做出不同的行為與說出不同的話。對某些人來說，兩塊木頭彼此交叉構成了十字架。而十字架代表著數十億人綿延數世紀共享的深刻意義。如果人們未能協調他們對物品的反應，那麼這些行為不可能受到留意，而意義也不可能延續下來與眾人共享。如果有人把這兩根木頭理解為宗教人造物，但另一個人卻單純認為這兩根木頭是柴火，就不可能產生共同的行為。一個人會跪下來禱告，另一個卻是拿來生火。這種雞同鴨講的狀況，顯示木頭在雙方心目中的意義毫無交集。

管理貨幣就是管理民眾對價值的預期

貨幣顯然是協調賽局的結果。貨幣可以運作的唯一理由，在於人們接受貨幣可以做為交易的媒介、儲存價值的工具與記帳單位。這三項功能之所以能得到滿足，只是因為我們預期其他人也把貨幣當成具有價值的東西。如果其他人未如預期般行動，那麼貨幣就無法滿足這些功能。

舉例來說，當我把一美元紙幣遞給店員時，我預期我提著從架上拿下來的低卡飲料走出店門，她不會大聲尖叫。如果有人給我一美元紙幣換取某件東西，我會樂意地接受它，即使那只是一張紙，因為我預期其他人也會用相同的態度接受這張紙幣。同樣地，大家都預期貨幣可以儲存價值與表達物品的價值。

如果我們都對某物的貨幣功能存有相同的預期，那麼該物品就成了貨幣。

然而，我們可以思考一下，如果我們沒有共同的預期，或者是更常見的，如果我們對貨幣的預期落空了，會發生什麼事？

這時就會發生所謂的通貨膨脹：人們對於貨幣價值的共同認知逐漸出現負面的變化。在現代經濟裡，貨幣的價值每年會折損幾個百分點，理由與總體經濟的管理以及保持經濟之輪潤滑有關。貨幣的變化不是大張旗鼓地、馬上說變就變，而是自然而然地發生[54]。管理貨幣的人總是努力確保每年的貨幣變化量小到無人察覺。

然而，我們回顧過去一、二十年來的歷史，不得不對貨幣變化之大感到驚訝。在一九四〇年代的美國，你可以用不到一美元的價格吃到一份烤牛肉晚餐。今天，你必須花上十美元才吃得到。從二〇〇二年到二〇一二年，美元貶值了四分之一；在二十與二十一世紀之交，吉事漢堡賣五美元，現在則是六．二五美元。

這樣的變化並未造成民眾恐慌，因為薪資也同樣逐步上揚。民眾發現自己依然能做到收支相抵、平衡。他們工作、賺錢、買東西，生活還能過得下去，沒有人注意到流通的貨幣數量每年都持續增加。

然而，有時社會對貨幣的預期會改變得極為快速，以致每個人都發現貨幣的變化。事實上，

[54] 中央銀行試圖管理通膨，甚至訂定目標通膨率。儘管如此，美國聯邦準備理事會（Federal Reserve，簡稱聯準會）做的事並不是促成通膨，它只是不斷針對經濟變化做出回應。我的看法是，就算聯準會什麼都不做，通膨還是會發生。

民眾不只注意到了，還因此產生恐慌，這些狀況有時被稱為「惡性通貨膨脹」（hyperinflation）。前面加上的「惡性」指的是超過正常範圍的通貨膨脹。

關於惡性通貨膨脹的經典例證是一九二〇年代初的德國。德國剛在一次大戰中戰敗，投降的條件迫使德國要向法國支付賠款。由於賠款的數額實在太大，因此在一九二〇年代經過了數次協商調整。然而，法國一開始態度十分堅決，結果造成雙方在支付的數額與方式上爭論不休。法國人曾一度占領德國領土，掠奪煤礦與其他貨物。德國政府無計可施，最後只好選擇讓國內貨幣（也就是德國馬克）貶值，這會讓以德國馬克支付的賠款價值跟著降低。

德國政府決定讓馬克貶值時，其實是帶有報復的心態。從一九二二年到一九二三年，不到幾個月的工夫，馬克從歐洲主要貨幣變成一堆廢紙。有故事提到一名婦人搬一籃紙幣到店裡買一塊麵包。由於籃子實在太大，搬不進店裡，婦人只好把它擱在人行道上。當她走出店門時，發現籃子被拿走，錢卻留下來。在惡性通貨膨脹期間，工人的薪資一天之內可以調整數次。店裡的商品價格調整的速度與薪資相比毫不遜色。手中拿的標準紙幣，面額不是十或二十馬克，而是五億馬克。

雖然劇烈貶值是國家的政策，但民眾的預期卻使這項政策演變成惡性通貨膨脹。政府不斷印鈔，間接地讓民眾以為貨幣毫無價值。一旦民眾察覺貨幣正不斷喪失價值，那麼這個價值損失的過程會像山崩一樣，越滾越大，終至崩潰。

舉例來說，一名店主發現麵包的價格每天都漲一〇%，而且這種現象持續了幾個星期，他因此相信，不消一個月，他賺的錢將會成為廢紙。他說：「如果要付毫無價值的錢給我，何不乾脆多給我一點！」所以他也提高了價錢。政府的貨幣政策與民眾喪失信心，兩者交相影響，終於侵蝕掉馬克的購買力。

因此，貨幣管理的一項重大要素是大眾心理學：管理民眾對貨幣穩定與未來價值的預期。只要讓民眾相信錢就是錢，那麼錢將永遠會是錢。如果民眾對於特定物品是貨幣或未來價值感到懷疑，那麼該物品就會開始失去貨幣應有的價值。該物品的貨幣購買力將會持續下跌，直到它的價格只剩貨幣本身的商品價值為止。對紙幣來說，購買力下跌的價值底線是零。貨幣的管理者也是社會常規的管理者，他們的目標是讓社會常規繞著貨幣價值盤旋，使貨幣維持正面與穩定。

用虛擬貨幣交易，比黃金、紙鈔更好用

如果「貨幣」是一種標籤，透過社會常規而附著在能滿足貨幣功能的物品上，那麼虛擬貨幣該怎麼做才能成為貨幣？虛擬貨幣是良幣還是劣幣？我們可以根據貨幣的每一項功能來評估虛擬貨幣。

想成為好的交易媒介，必須有易於使用的優點，不能太重或太難以運送。虛擬貨幣完全能合乎這項要求，甚至比沉重的黃金或成疊的紙鈔都要來得理想。虛擬貨幣沒有重量，而且可以以光速在線路中傳遞位元轉換的訊息。

交易媒介也應該可分割與可聚集，因為我們永遠不知道交易的大小。虛擬貨幣可以以任何面額或切成小部分來發行，它唯一的限制是資料庫欄位的記數系統。原則上，虛擬貨幣的大小並無實際限制。虛擬貨幣可以發行任何數量的貨幣，而且立即可以轉換。舉例來說，遊戲《無盡的任務》讓你擁有銅、銀、金與白金錢幣，你可以擁有一百枚任何類型的錢幣，而其價值等於下一個最高類型的錢幣一枚。任何非玩家商人都可以兌換錢幣，數量不拘。理論上你還可以增添鈦、Metallium、Larrium、Moeium、Curlium等的錢幣，無窮無盡。你能想像出什麼樣大小的經濟規模，虛擬貨幣都能滿足。

黃金的尺寸範圍很小。小額交易需要的碎金很小很小，因此很難追蹤。大額交易則需要裝滿一個手推車的黃金，難以四處運送。因此，使用黃金的經濟必須輔以其他價值較低的金屬，以充分涵蓋所有的交易。紙幣的問題與黃金不太一樣，但彼此相關。以大額交易來說，你要不是必須拉著一車的紙幣，不然就是讓政府印行大面額的紙幣，但大面額的紙幣容易遺失或偽造。

方便交易、容易切割，也比藏在床底下安全

偽造與詐欺是下一個條件。容易被偷嗎？虛擬貨幣是一種數位資產，因此它與其他數位資訊一樣，要偷竊可以說容易，也可以說很難。我們可不可能確保信用卡卡號資料庫的安全？如果可能，我們就能確保虛擬貨幣資料庫（記錄了虛擬貨幣的持有狀態）的安全。我們能不能安全地在網路上傳輸重要資訊？如果可以，我們就能使用虛擬貨幣來進行交易。

虛擬貨幣的安全取決於駭客與資訊守護者之間的競賽。目前，守護者似乎狀態良好。網際網路上安全資訊的數量正在快速增加，而電子商務公司經營的狀況也不錯。最終的測試是，金錢以虛擬貨幣的形式儲存，是否或多或少比把金幣藏在自己睡的床墊底下更為安全。目前來看，比較的結果對虛擬貨幣有利。

詐欺呢？撇開偷竊不論，詐取他人財物到底有多容易？有些種類的詐騙其實與貨幣的類型無關。相較之下，偽造貨幣與貨幣的種類很有關係。金屬貨幣可以藉由高密度與擁有某些性質來避免偽造（黃金不帶磁性，而且軟到咬一口就能留下痕跡）。紙幣需要精巧的印刷，以及將一些東西內嵌到裡面以避免複製。虛擬貨幣是無形的，乍看之下可以免於偽造，但要設立一個外觀與運作類似

真實銀行網頁的假網頁，其實是一件簡單的事。這裡頭有問題的不是貨幣本身，而是詐稱自己擁有貨幣與有權移轉貨幣的人。這就好像偽造黃金存款單一樣。存款單上寫著，「持有本單據者，有權向法蘭克金鋪領回十根金條。」但實際上法蘭克金鋪並不存在。這個網站運作起來像是個虛擬貨幣來源，但裡面完全沒有真實貨幣。

人性一向排斥重大的更新，我們就很難寄望詐欺能夠減少。**可見的實體貨幣與無形的虛擬貨幣，兩者發生詐欺與竊盜的機會是一樣的。**

然而，數位形式的「真實」貨幣也是如此。以電子形式記錄在銀行帳戶裡的美元，也是虛擬貨幣。數位形式的「真實」貨幣，外圍環繞著安全與可靠性的高牆，而且受到嚴格的控制與周密的管理。當然，數位形式的真實貨幣也能扮演好交易媒介的角色。

還有免稅、不受管制的優點

虛擬貨幣不屬於國家官方貨幣，它的安全性又如何呢？

一些關於虛擬貨幣的討論，最近出現很大的變化。舉例來說，談到竊盜與詐欺，非國家發行的虛擬貨幣當然安全性較低。偽造遊戲貨幣的所有權，要比偽造銀行帳戶裡歐元的所有權容易。駭進娛樂公司的伺服器，要比駭進數十億美元的跨國銀行簡單。另一方面，私人的虛擬貨幣跟國家虛擬貨幣一樣，都是可分割與可攜帶的。

然而，把政府列為討論對象引發的另一批爭議，卻凸顯出非國家虛擬貨幣做為交易媒介所具有的優勢。你應該已經注意到，國家會課稅。國家會對看到的一切物品課稅，而國家看到的主要是那些正在移動的物品。政府會要求所有交易都必須回報，然後會向它們收取小額費用，這是最簡單的一種課稅方式。銷售有營業稅、登記契據有登記稅、贈與有贈與稅、死後遺留的財產有遺產稅、中樂透要課所得稅與印花稅。但是，你放在壁爐架上的鑽石不用課稅，因為它未在經濟活動中「移動」，所以國家看不到它。如果你賣掉鑽石，國家看到交易，那麼除了營業稅外，還要對買家課徵奢侈稅，並且對你賣出得到的利潤課徵所得稅。

當然，國家不只是尋找課稅的對象，國家也尋找犯罪與其他不當行為的證據。貨幣的移動，就像草地上的螞蟻發信號給其他螞蟻，知道蟻冢的位置、糧食來源與蟻群之間的狀況。人類在一旁目睹一切，出手介入，把食物放在比較公平的位置上，保護弱小的蟻群不受強大的蟻群侵擾，並確保所有螞蟻都能公平競爭。政府可以運用貨幣移動的資訊來獲得收入，也能藉此管制商業。

這麼做是好是壞，要看你的政治觀點是什麼。無論是好是壞，事情總會發生。稅捐與管制對於首當其衝的人來說無疑是負面的。管制汙染的法令人為地提高電力價格，打壓電力市場，但卻使空氣清淨。根據自由市場的理念，電力的買賣雙方都希望避免管制，好讓交易能在較低的價格下進行。要不是因為政府的介入，電費會更便宜，電力的用量也會提升。但這正是管制的重點——減少使用電力，因此減少使用燃煤，最後達到潔淨空氣的效果。但電力的使用者不想減少使用電力，電力公司也不想停止賣電。對於直接受到稅捐與管制影響的人來說，他們主要的願望就是擺脫稅捐與管制。

因此，非國家虛擬貨幣做為一種交易媒介，在此便有極大的優勢：政府的眼睛看不到它們。

如果我把鑽石賣給你，換取遊戲金幣（之後我再賣出遊戲金幣，換取真實貨幣），則我們可以規避稅捐與管制。**如果政府把我們之間的交易看成是遊戲貨幣的交易，那麼就無所謂稅捐與管制的問題。**

使用虛擬貨幣是否能規避稅捐、管制與法律，主要取決於申報義務的範圍。非國家虛擬貨幣是較佳的交易媒介，因為虛擬貨幣讓買賣雙方減少額外的義務負擔，而這些負擔正是造成交易減少的主因。**如果純粹從交易效率的角度來看，虛擬貨幣可以減少負擔，增加交易量。**

但是，當成記帳單位會有價值表達的問題

貨幣的第二個功能是做為記帳單位。好的記帳單位擁有的價值不因空間與文化（待會兒我們會提到時間）的差異而改變。與美元相比，加幣比較不適合做為記帳單位，因為使用加幣的人較少，人們對於加幣能買多少東西沒有概念。

好的記帳單位可以用人們易懂的數字來表達。十一兆與十三兆之間的差異，其實不太容易理解。同樣地，如果有人說：「我的意見值〇．〇二美元。」我們恐怕需要一點時間才知道他指的是二美分。貨幣能按比例做出回應，這點相當重要，貨幣在數字上的可傳達性也是一樣。

虛擬貨幣可以毫不費力地調整比例。虛擬貨幣可以依照需要，使用各種記數系統，並且配合使用人數的多寡進行調整。與貝殼、貴金屬或巨石的貨幣系統不同，虛擬貨幣的價值總能維持一定，不受地點的影響。

虛擬貨幣是不是國家貨幣，這點重不重要呢？就記帳單位的目的來看，政府的支持會造成差

異，因為國家貨幣比較為人所知，絕大多數人也比較清楚國家貨幣是什麼。非國家貨幣比較孤立，在價值表達上可能會遭遇不少困難。

穩定貨幣購買力的唯一方法，就是管制貨幣流量

教科書上提到貨幣最後一個功能是儲存價值。儲存價值的功能越強，越能永久地保存購買力，也就是說，以貨幣形式表現的價值，可以長達數年的時間保持不變。

要保存價值永遠不變幾乎是不可能的事，每件物品的價格都會與其他物品的價格連動。舉例來說，在過去一個世代，計算能力的價格大幅下跌，相反地，大學教育的價格則上升。我們只能說，物品的比較價格是穩定的。這解釋了為什麼罕見物品獲得的重視不下於貨幣，因為罕見物品的稀少性很難改變。雖然如此，它還是會改變。

十七與十八世紀，當西班牙與葡萄牙探險家從美洲大陸回來時，他們帶回了大量黃金。歐洲的金本位貨幣體系因此出現嚴重的通貨膨脹。然而，即使罕見物品不會改變，它們的交易內容還是會改變。如果其他物品變得稀少，那麼黃金的購買力無論如何必將下跌。

想像有一座荒島，它使用的貨幣是黃金，而唯一的商品是椰子。有一百個人住在島上，每個人每天摘下一顆椰子，並且把椰子賣給其他人。每個人都向別人買了一顆椰子，並且吃了這顆椰子。第一年，每日能收穫一百顆椰子，島上有一百枚金幣，每人一枚。因此，每枚金幣可以購買一顆椰子。一百年後，讓我們假設島上的人口只剩一半，因此每日收穫與食用五十顆椰子。但我

們仍有一百枚金幣：一個人兩枚。現在，椰子的價格將變成兩枚金幣，而非一枚。如果有人將金幣儲存起來給他的後人，那麼一百年後，這枚金幣將喪失一半的購買力。

當然結果也可能反過來。如果有更多人來到島上，而棕櫚樹可以維持產出，那麼就會有更多的椰子流通，而每顆椰子可能賣不到一枚金幣。因此，就實際狀況來說，我們無法保證貨幣的購買力不因時間而流失。

穩定貨幣購買力的唯一方法是，仔細留意流通的貨幣數量與交易物整體數量之間的關係。

在真實世界的經濟裡，要讓貨幣供給與貨幣需求完全相符，需要龐大的管制與投資體制，而體制運作的好壞，往往隨時代而不同。在遊戲經濟裡，這屬於水龍頭與水槽的問題，也就是管制貨幣流入與流出的速度。讓貨幣的價值維持穩定是一件繁瑣的事，必須不斷地更新，讓貨幣的數量與經濟活動的水準搭配無間。在真實世界裡，總是傾向於產生通貨膨脹，總是會確保體系中有較多的貨幣流通，而非不足。

通貨膨脹會影響真實貨幣的儲存價值功能。在真實世界，存款機會使財產的貨幣價值逐漸受到侵蝕。典型的投資都會考慮通貨膨脹溢價。舉例來說，如果預期通膨率是三％，預期投資報酬率是四％，那麼應付的票面利率將是七％。換言之，當投資還本付息時，投資者將獲得七％的獲利，其中三％被通膨吃掉，只有四％才是投資的真實獲利。如果你今天向我買漢堡，星期二付錢，今天漢堡的價格是十美元，到了星期二是十二美元，那麼你最好付我十二美元。

唯一風險，遊戲公司比政府容易倒閉

虛擬貨幣能不能成為好的儲存價值工具，主要取決於管理。

人們傾向於認為，國家管理的虛擬貨幣要比私人管理的虛擬貨幣，更能維持價值。但是，管理貨幣經過一段時間之後，國家利率與私人利率的差異其實不會很大。私人公司可以創造虛擬的價值物品，然後再將好幾噸的虛擬物品賣出獲得利益。國家其實也可以採用同樣的方法，但國家卻不這麼做，因為國家知道長期下來，貨幣造成的信用損失，將比短期獲得的利益來得多。非國家貨幣管理者肯定也是這麼想。我可以創造一個遊戲，在遊戲中，虛擬金幣擁有真實的價值，我可以為自己創造一千兆枚金幣。然而，這麼做會毀了遊戲，也會毀了我的金幣價值來源。非國家行動者與政府，都傾向鬆散管理貨幣價值。管理鬆散會造成貨幣價值的侵蝕與變化，當然如果沒人注意到這一點是最好的。

撇開誘因不提，從科技與實際操作來看，國家支持的貨幣比較適合做為儲存價值工具。國家有龐大的力量保護貨幣免遭偽造，而且在這方面也有豐富的經驗。國家不是小而新的社群媒體公司。在舊金山的小房間裡，二十幾歲的年輕人管理貨幣，這種貨幣比較容易在一夜之間意外創造出數十億枚錢幣？還是比較可能造成母公司破產？

世界上沒有永久不變的物品，但管理的主體在明天破產的可能性越高，其管理的貨幣越不適合做為儲存價值的工具。

虛擬貨幣的第四個功能：快樂

最後，除了經濟學教科書上的三種功能，我想補充，貨幣其實還有一個很重要的功能，那就是快樂。虛擬貨幣能帶來快樂嗎？答案是肯定的，也是否定的。玩數位遊戲的人，喜歡累積大量的虛擬貨幣。然而令人有些失落的是：你無法享受雙手伸進錢堆裡撈錢的感覺。如果你在遊戲裡的化身能這麼做，是否也能得到相同的滿足感？

答案似乎是「是的」，擁有虛擬貨幣可以讓人感到快樂。我玩過許多種類的遊戲，我可以告訴你，每個人都喜歡遊戲貨幣。他們喜歡為遊戲貨幣工作、打獵、殺戮；喜歡買賣遊戲貨幣，累積大量的遊戲貨幣；喜歡算著它、看著它與用它購物；也喜歡送錢給別人。

幾乎每一款互動式的娛樂產品都會發行貨幣。即使是單人遊戲也會設立店鋪，讓玩家在裡面採購遊戲貨幣以提升能力。以供孩子遊玩的經典單人遊戲《植物大戰殭屍》（Plants vs. Zombies, PVZ）為例。在遊戲中，你種植花朵，這些花朵會對著想入侵你的屋子的殭屍發射豌豆。你要集中日光來提升植物的力量。如果你能殺光一波殭屍，你就能進到下一關，這個遊戲就是不斷地殺殭屍。集中日光、提升植物力量、殺殭屍、過關、拿金幣，如此不斷地重複。殭屍死的時候，有時會吐出小金幣，點擊金幣，金幣就會進入你的銀行。到了第五關的時候，你的鄰居瘋狂戴夫（Crazy Dave）會邀請你去看看他車子的行李箱，然後賣一些配備給你。

這時你的金幣就派上用場了。你可以購買種子與提升能力的東西，還有讓殭屍一踩就死的耙子。結果你會發現，瘋狂戴夫賣的東西絕大部分跟遊戲沒什麼關係。戴夫與他的店鋪並不是必要之物，但遊戲中硬是安排了這號人物，不斷叫賣著放在行李箱裡的小東西。

這種獎賞制度常見於電腦遊戲與桌上遊戲。一方面，玩家因為破關：困難解決了，怪獸殺死了，孩子拯救了，戀情有了進展……而獲得獎賞。另一方面，玩家也獲得一些貨幣，可以用來提升玩家的能力，繼續進行遊戲。看起來設計者似乎製作了不錯的遊戲，他會說：「喔，當然，我們會讓玩家獲得財寶，並且或設立店鋪讓他們買東西。」設計者的假定是，玩家「希望」有金錢與店鋪。但真的是這樣嗎？

遊戲貨幣讓人覺得更有自主性、也更快樂

為什麼遊戲中會出現遊戲不需要的貨幣？心理學家提出兩種行動誘因：內在與外在。我們經常將金錢歸類為外在誘因：如果你要人做某件事，那麼就付錢給他。不要期望他們會因為熱愛工作而工作，你要給他們報酬，讓他們願意工作。正常來說，我們很少將金錢歸類為內在誘因——為了工作而工作。問題來了：人們玩遊戲只是出於內在動機，但遊戲本身也有錢拿。難道金錢可以滿足「內在」動機？我們難道是因為喜歡金錢而追逐金錢？

從證據來看確實是如此。心理學家史考特・里格比（Scott Rigby）與理查・萊恩（Richard Ryan）曾經在這個領域做過重要的研究，他們指出遊戲中內在動機的三個要素：

- 自主：玩家感到自由，感到自己的決定牽一髮動全身。
- 勝任：玩家覺得自己可以完成任務，可以主導整個局勢。
- 關連性：玩家覺得自己與社會世界息息相關，整個世界都注意著他的一舉一動，也受他的一舉一動影響。[3]

金錢可以放大這三項要素。

當遊戲給你金錢，並且鼓勵你花錢，你當然會感到自己的自主性增強，力量也越來越大。有些政治哲學主張，有財產是成為自由人的核心要件。金錢或許是最簡單明瞭的自主指標。遊戲沒有給玩家上千種能讓他們開心的配備，而是給他們用來衡量自主程度的核心物品：現金餘額。

金錢也能讓你感到能力高人一等。沒有任何東西比鉅額的現金餘額，更能讓人志得意滿。你的金錢代表你支配與成功的時刻有多長。不必贅言，玩家在遊戲一開始幾乎都是一文不名，而這正是個強有力的基準點。你會說：「我從一文不名，變成富有四海！」

遊戲裡的金錢也能加強你與他人的關連性。當你有錢的時候，你就有理由與他人來往，並且與他人做比較。關連性的動機甚至在單人遊戲裡也能發揮效果；當你去找瘋狂戴夫時，你打破了隻身一人的狀態。沒錯，瘋狂戴夫並非真人，但研究顯示，我們的大腦面對電腦中非玩家人物與物品的反應，彷彿是把他們當成真人一樣看待。[4] 金錢讓你有動機前去跟某人說話，哪怕你只是為了買根釘耙來對付殭屍。在此同時，購物也讓你感受到自己累積的金錢得到旁人的注意。瘋狂戴夫賣光了東西，只因為身為玩家的你非常有錢，因此你才能買光他的東西。幾乎每一種遊戲裡，玩家最終都會成為遊戲經濟中最富有的人。

舉例來說，我最近在玩一款名叫《無界天際》（Skyrim）的遊戲，我在地牢的探索行動使我獲得大筆財富，最後我擁有了數棟房子，我的（虛擬）妻子身上穿戴著世上最昂貴的衣物與珠寶，豪宅裡堆滿了奢侈品，我擁有馬匹、隨從與生產設施。我成為世界上最有權力的人，不只是因為手中握有最強大的寶劍，也因為擁有最多的財富。擁有金錢使我感到自由、有影響力以及舉足輕重。按照里格比與萊恩的說法，我在《無界天際》的誘因應該是為了獲取金錢而獲取金錢。

顯然，一旦你增添真人玩家進到多人遊戲與社群媒體時，金錢的效果將有增無減。在我們為本書所進行的研究中，我們找不到沒有遊戲貨幣的多人線上遊戲。金錢的確可以增加樂趣。

不只玩遊戲，還能快樂實驗經濟學原理

然而，這似乎有點古怪。經濟活動讓世界更有趣？大多數人在上過一、兩堂經濟學之後，通常會覺得這門課乏味至極。因此，要人想像經濟活動讓世界變得更有趣而非更乏味，實在太困難了。怎麼可能呢？

在此，我們要指出體驗與思考間的差異。思考經濟，衝擊的是心靈；生活在真實經濟中，衝擊的是靈魂。然而，「玩」經濟卻像爆炸一樣。當我們玩起經濟遊戲時，我們輕柔地按摩著我們心靈的各部位，我們的心靈經過數千年的磨練，早已熟悉如何權衡選擇、如何思考成本、如何累

積資源、如何餽贈禮物，以及如何進行殺戮。

在獲得經濟成功的時刻，我們的心靈得到的獎賞就是無法扼抑的欣喜。越是長期的經濟成就，滿意的感受持續越久。如果可以把心靈運送到遊戲經濟裡，我們就不用冒著利害得失的風險，也能獲得成功的喜悅。我們不用在真實世界裡為了經濟成功而感到焦慮、壓力與苦澀，也能獲得快樂與滿足。

在遊戲裡，我們也能從事經濟活動，藉由買賣交易自然而然地學習經濟。經濟學原理帶給學生的恐怖感受將一掃而空，學生不用生吞活剝乏味的理論，而是藉由實際的嘗試來調整自己。遊戲經濟因此從真實經濟學與學院經濟學這兩塊岩石包夾的狹窄水道航行而過。在這些市場中，你可以學到東西，卻又不致喪失性命。

在這裡，貨幣設計也占有一席之地。我們的經濟動機多半已簡化成一般人眼中「資源」的累積與花費。我們的情感不再因特定物品的累積，例如獲得榛樹子與乾肉而感到開心，只有在「原料」的累積與節約使用的狀況下，才會有所反應。這無疑與經濟動機的系統有關，我們只對一般資源的累積感到開心，對於特定資源則無動於衷。貨幣發展成表示與比較不同特定物品的工具。

貨幣是一種社會建構的原料單位，代表我們的購買力，同時也成為衡量經濟成功的標準。做為經濟成功的衡量標準，貨幣已經深深植根在我們的心靈之中，因此我們對於貨幣的取得與喪失總是反應強烈。同樣的心靈如果對真實貨幣反應強烈的話，沒有理由對虛擬貨幣沒有反應。虛擬貨幣就跟其他物品一樣，能夠打動人的內心。

顯然在許多狀況下，虛擬貨幣確實能合理扮演貨幣的角色。也就是說，虛擬貨幣比其他東西更能滿足貨幣的功能。

虛擬貨幣是卓越的交易媒介：有彈性、輕盈而且可分割。虛擬貨幣是好的記帳單位：它能讓每個人都易於使用，而且必要時能依比例調整。虛擬貨幣在儲存價值上表現不佳，主要是因為負責管理虛擬貨幣的私人實體，不像國家那樣能永續存在。

不過從短期來看，也許不到數十年，但至少可維持數年，虛擬貨幣確實能發揮儲存價值的功能，而在這段時間內，虛擬貨幣的表現與一般貨幣無異。虛擬貨幣長期的影響力取決於貨幣的預期壽命與貨幣所支持的支付系統。目前我們還不知道這些虛擬貨幣最終能持續多久。

第二部

虛擬經濟衝擊大未來

科技日益革新，我們該如何保持彈性，並妥善回應與適應？

我們很快就會活在一個每個人都能發行自己的貨幣、並創造自己的支付系統的世界。會有多快呢？絕對夠快了。
那該怎麼辦呢？與其對未來做猜測，最好的方法其實就只是保持彈性，要回應、要適應……

社會風俗與不斷產生新貨幣的科技革新，兩者的相互交融似乎不可能終結。我們很快就會活在一個每個人都能發行自己的貨幣、並創造自己的支付系統的世界。會有多快呢？不可能說清楚，但絕對夠快了。科技的演化本來就很快，而且變化的速度也在加快。經濟歷史學家格里高利．克拉克（Gregory Clark）認為，我們不能以為，科技史就像從大霹靂以來到工業革命的進展一樣[1]，其實，數百年甚至數千年來，科技的發展一直是在一條呈現指數變化的道路上。

在過去，一個人一生中能看到的科技變革數量有限，所以人們不會察覺到。不過，在一八〇〇年左右，科技在人的一生中改變的總量，開始變得比較明顯。今天，我們仍然處在震撼英國攝政時期[55]的科技成長曲線上，只是這個曲線現在變得更為陡峭：**變化不是發生在幾代人之間，而是在幾年之間。**

現在的小孩在學校學到的電腦能力，都比一九六九年阿姆斯壯（Neil Armstrong）登陸月球的時候更多。在我的口袋裡，有一個小小的電子設備，它強大的電腦運算、溝通以及搜尋資料的能力，人們在五年前根本都還無法想像。這個玩意兒，我們管它叫智慧型手機。不出幾年，我們一定會嘲笑這個電子裝置的名稱，我們可能會說它根本就是個「啞巴機」，因為它「甚至不會把開車方向的資訊傳送到眼鏡上」。就在過去這五年，我們被迫大幅度地更新對科技的使用意識，而且這一輩子，都必須不斷地重複這樣做。

在這個科技頻繁革新、技術大躍進的時代，這些大躍進讓人好不容易擁有的科技知識，只

[55] 編按：指一八一一年至一八二〇年間，在位的英王喬治三世因精神狀態不適於統治，由他的長子被任命為他的代理人作為攝政王的時期。工業革命就在此時期於英國展開，使人類文明發生巨大的變革。

能稍稍允許我們喘一口氣而已，因為更新的技術又逼得人必須跟上腳步了。我們都知道一個新的時代就在眼前，但都無法知悉那是個什麼狀況。改變的水龍頭流速太快，社會海綿很難完全吸收，也一定有很多濺出去的水花、水流，無法注意到；甚至也可能會有很多亂七八糟之類的東西：有些科技進展沒有延續下去、有些成就被遺忘、而且還發生很多錯誤。不時發現令人驚奇的科技進展，已經是現代生活的一種特徵。

但是，因為科技引起的社會變遷，在口語上和科技上，都帶來很多混亂：就像是一顆帶著各種可能性的龐大閃電火球，隨時都可能以無法預測的方式爆發開來。一定會發生什麼事，但無從得知會是什麼事。

那該怎麼辦呢？與其對未來做猜測，最好的方法其實就只是保持彈性。在面對目前的變化時，要彈性、要回應、要適應，這也是第二部的主題。

第五章

遊戲貨幣的機會與風險

在虛擬經濟中，人們更有錢、有權，也更快樂，因此更多生產勞動力會轉換到虛擬經濟。對個人、企業與政府來說，將各自面對不同的衝擊。

虛擬貨幣考驗政府的觀察、監管能力

數以千計的虛擬貨幣持續出現，引發的第一個也是最明顯的社會壓力就是計算，也就是經濟活動中最基本的估價問題。大家要記住，貨幣的核心功能之一就是當成記帳單位。如果沒有共同的衡量標準來描述東西的價值，要怎麼討論與經濟有關的事務呢？

除了這個重要的技術性角色，貨幣的記帳功能也有文化意義上的關鍵貢獻。金錢一向是記錄人們達到卓越表現的方式。在雜誌中，不是刊登一百位最快樂人士，而是刊登一百位最富有人士。這也許不是一件好事，但這確實讓記帳這件事變得很重要。

空心的椰子和多汁的椰子，哪一個值錢？

人都是被金錢驅動的，這也意味著，如何記錄金錢也影響了人的行為。如果你很關心勤奮工作、責任、投資與經濟成長，就應該關心金錢是如何被計算的。

在二〇〇〇年左右，這個世界針對經濟統計的確是有一些共同的計算標準——也許可以說只有一種。我們用美元、歐元、日圓、英鎊……來表達一切的價值。當我在寫這本書的時候（二〇一三年），情況也還是如此。有人認為，目前在網路上到處出現的虛擬貨幣，很快就會消失不見。畢竟，任何形式的貨幣要能被保留下來廣為使用，就必須通過大眾接納的考驗。越多人使用的金錢形式，就是越好的交換媒介。只被一小撮人使用的小小貨幣浪潮，怎麼可能在由美元、歐元與日圓主導的全球貨幣體系中生存下來？根據網路效應理論，最多人使用的貨幣就是最好的，也應該會徹底消滅其他的競爭貨幣。

然而，我們確實可以看見，在經濟體系中的特殊角落，很多人在使用小型的貨幣，同時，很多大規模的數位價值移轉系統也應運而生。此外，使用歐元的國家數量似乎很可能會減少，而不是增加。貨幣雖然有展示網路效應的功能，但也有獨特的在地需求。金錢的未來，似乎不是鐵板一塊的概念。

歐元的搖搖欲墜，只是反應了人們對未來價值的擔憂。大部分的經濟交易與合約，都牽涉到未來的商品、服務與如何運送的問題。因此，每一種交易都需要對未來的價值做出預估。即使只有一種單一貨幣，而且是在低通膨狀態，這種預測一直都是充滿風險。如果不能確定貨幣的穩定性，所有牽涉到未來價值的交易，都會有風險。而且，政府的運作、個人的動機，以及協調現在與未來的能力，都會因此而複雜化。

現在，我們來想想，在擁有物質商品的社會裡，一個最基本也很容易被忽略的問題：任何一個特定商品的價值到底是多少？這就是「價值評估問題」。一個人要如何告訴另一個人，一顆內部充滿椰子汁的椰子比一顆空心的椰子「更有價值」？

價值的概念必須從人們的行為中被提煉出來，並轉換成一種簡單、可以溝通的符號。這就是金錢的作用。

金錢是物質文明中的真正根源。如果你了解一個社會的各種價格，你就會了解很多關於這個社會的文化、人們的渴望、匱乏的東西，以及各種變化。這是非常有用的資訊。二十世紀初期，各國政府開始盡可能收集經濟交易的各種資料。在今天，針對管轄範圍內持續進行的各種物質交易文化，每一個政府都在收集並公告相關資料。

這種資訊其實不容易取得，因為收集經濟數據需要數千、數萬以上的人的參與，從建立格式、然後由機器彙整、跑資料，最後經由人力製作永遠沒完沒了的龐大系列報告。這些報告收集了公部門與私部門等經濟參與者的資料，並動員了包括會計、精算師、淨值分析師、公共政策分析師等整個專業領域的人才。估價問題牽涉範圍很大且非常重要，因此，光是計算，就要投注龐大的資源。

虛擬貨幣容易保存、記錄，但必須設定意義與解讀

虛擬貨幣會對估價造成什麼影響？

首先，虛擬貨幣提供了一種完美的數位實驗。每一次使用虛擬貨幣的交易（包括由政府支持的虛擬貨幣形式，如信用卡），都會被在某處的某部電腦記錄下來。這筆交易也許不會被永久保存，但它確確實實在某處的電腦記憶體留下紀錄，如果想要，就能被保存下來。這會對未來的虛擬經濟帶來令人振奮的元素，那就是**任何一次大規模的經濟活動，都能被觀察到，而且能被記錄下來。**

這些數據有什麼用途呢？你可以想像一下，你的指尖擁有全球經濟活動的所有資料位元。這

可以怎麼應用呢？

但是得先提醒一下，如果不曾事先設計資訊的意義，擁有龐大的資訊組，就是一種偽裝的詛咒。德米特理．威廉斯（Dmitri Williams）教授向《無盡的任務》遊戲索取資料的故事，就是一個很好的說明。二十一世紀的頭幾年，研究人員曾經大力要求，希望能取得當時幾個重要的遊戲世界的資訊。最後，威廉斯成功說服《無盡的任務》的製造商，讓他能應用遊戲資料的檔案。後來，這些資料全部被灌到他的電腦，但這是一堆大量而雜亂、包含每一個輸出與輸入系統的資訊，而且是以很隨意的方式連結了大量的相關資料庫。結果，這些資料一點用處也沒有。因為這些電腦記錄的資料，並沒有用人們能夠解讀的方式來儲存。

舉例來說，這個系統在一個表格中記錄了：每一次，玩家付兩單位的3,382,720物件給系統，去買999,304,298物件。但完全沒有說明，第一個物件是一個金塊，第二個物件是健康的一小部分。因此，所有這樣的資訊都必須很仔細地重新設計，所有原始資料累積的地方也必須被重新整理、過濾、分類、集中到一般人可以理解的表格裡。兩年後，也是很多個超級電腦週期之後，威廉斯終於能開始研究這些資料，這些資料才變得非常有用，也獲得許多成果。《無盡的任務》專案最後產出數十份的研究報告。[1]

這個故事告訴我們的是，只是**擁有更多資料，並沒有辦法解決任何事情。資訊必須要有意義地產生，而且，你擁有的資料越多，賦與資訊意義的工作就越多。擁有大量的資訊寶藏，並不意味著你知道每一個東西的價值。**

所以，虛擬貨幣都是數位的、而且會被自動記錄下來，並不是想像中的那麼有用。甚至，虛擬貨幣還為解讀工作丟出數量可觀的資訊沙礫。所以，我們再次回頭檢驗問題的核心，估價問題就是在一個共同單位中，表達出不同東西的價值。換句話說，在經濟體中的所有事務都必須轉換成方便大家使用、可以溝通的單位。在這種情形下，虛擬貨幣其實是一種破壞因素。因為它們取代了單一的共同價值符號，變成數百甚至數千種符號。這表示，隨著虛擬貨幣的流傳，有用的物質文明的交易資料會變得更少。[2]

共同的單位當然很重要，畢竟，如果沒有共同的單位，就不可能把整個經濟活動看成一個整體。在現代經濟活動中，數十億種被製造、被交易的商品，沒有人可以記得住。我們只能用大一點的分類來思考，比如食、衣、住、行等。事實上，在這每一個分類中，都包含數百萬種獨特商品。比如說，為了建立「食物產值」這個類別，分析師必須把蘋果、橘子、椰子和魚子醬統計在內，然後，把每一個項目的價格相加，也就是把金錢價值加總起來。比如說，食物產值就是蘋果與橘子，以及其他食物產量的價值總和。

這樣做已經行之有年，每一個品項都用單一的金錢形式表達。因此，如果商品與服務以不同的貨幣單位來表示，就必須把每一個品項的價值，再轉換成有共同標準的幾個基本貨幣。要做到這樣，不是很困難，就是根本不可能，因為光是估價本身就很困難，也不太可能，何況牽涉到對經濟活動的思考方式與決策方式。

隨著虛擬貨幣的擴大應用，什麼東西價值多少錢，將會越來越難理解，如GDP成長率、貿易平衡、流通的貨幣總額等基本經濟指標，各國政府也會越來越難正確公告。對於物質文明的輪廓與概況，將會無法掌握。對一個事物的基本價值是個謎團的未來，我們必須有所計畫。我們必須準備，沒用的廢物必須捨棄、寶貴的東西必須要保留下來。

無形資產，容易被灌水

估價功能的弱化或消失，隱含了很重要的意義。如果我們無從得知企業的價值，該怎麼辦？如果政府無法觀察經濟活動，該怎麼辦？

對國際金融來說，如果一家公司是否獲利是一件不可能或很難知道的事，會發生什麼事？有人可能會以為，任何想保持市值的公開發行公司，都會想用被廣為信賴的貨幣如美元，來表達公司的每一個活動，但有時候基於某些理由，公司會用模糊的資產來掩蓋真正的價值。從事高風險行動的公司就有很強的誘因，用非標準的形式來保存資產，並且對外宣稱被灌過水的價值。如果這些非標準形式的資產，相對容易被追蹤或被估價，這也不是什麼問題。

但如果這些資產很難被找到、很難被估價、而且天生就是不穩定的狀態、或是有來去非常快速的特性，這樣一來，對估價者與債權人來說，就會增加很大的不確定性。

虛擬貨幣就是屬於這類難以捉摸的資產。

不花一毛錢，任何人就可以發行一種虛擬貨幣，還可以用來交易。現在，在電腦遊戲的世界裡，已經有非常容易操作的軟體，玩家只要點擊、再拖曳，不消幾個動作，就可以推出一種貨幣，也幾乎不花什麼錢，就可以交換虛擬貨幣。

因此，對企業來說，每一年設計一種新的貨幣，並在使用年限內用它來做交易，到期就清算這個戶頭，然後再重新設計另一種貨幣，這在技術上是完全可行的。企業可以對虛構的貨幣製造有限的數量，然後用這個做為暫時的交易媒介，或是記帳單位以及價值保存工具。

換句話說，如果私人公司每一年都可以設計一種新的貨幣，他們也可以每個月、每個星期，甚至每分鐘都這樣做。**最重要的是，當複雜的數位價值移轉系統是合法且方便的時候，他們可以把數位價值移轉系統設計成能夠充分顯示各種價值的系統，但如果不合法又不方便時，他們可能就會模糊處理了。**

當然，毫無疑問地，總會有方法來規範這些行為，但很難想像要如何做到。虛擬貨幣可以被命名為任何名稱，因此也很容易隱藏起來。多重虛擬貨幣系統可以內建不同貨幣的價值轉換法，可以把一種貨幣毫無困難地轉換成另一種貨幣。如果X貨幣被發現並被禁用，執行支付系統的機器就可以執行一個程序：「如果某一個貨幣被禁用，就把它的全部資產轉換成另一種貨幣。」例如，你如果看到建設公司的一筆資料讀起來是「Bolts:+$2,395,343」，這可能是指有螺紋的金屬條，也可能是指一種虛擬貨幣的交易，那裡的主要貨幣就是叫「bolts」。

只要是資產，即使是虛擬貨幣的形式，最終也會被提列在企業的資產負債表上，這將迫使每一個人去思考這些資產，以及擁有這些資產的企業真正的價值。甚至，人們將必須做出判斷，並據此行動。

當每一個穿著光鮮亮麗套裝的人，似乎幾分鐘就能賺進虛擬財富時，忽視虛擬貨幣資產的人，就顯得太不食人間煙火了一點。我們終究必須面對在虛擬貨幣裡運作的估價問題。

政府看不到的帳外交易，可能會變多

虛擬貨幣的隱藏效果也意味著，經濟活動的「帳外」數字將會達到一個前所未見的程度。想了解這件事，先了解一下過去的歷史，會很有幫助。

直到數位時代為止，受到通訊科技進展的協助，一切似乎都助長了政府的行政權力與權限的擴張。經由書寫、書籍以及後來的電話與電腦，各國政府很穩定地增加了可以知道在小範圍內發生了什麼事情，並加以因應的能力。行政權力的擴張可以在政府支出的成長中看到。

普遍來說，在整個十九世紀，這是一個很小的數字，但到今天，在絕大多數已開發國家中，已經超過國家總產值的二五%。對一個政治實體來說，只要可以觀察、記錄、建檔、檢索，以及分析資料，並因此做成決策、傳達訊息，並指派政府人員去執行，要控制數千萬人口的經濟體是可能的。從一九〇〇年起，政府應用資料與指派公務員的這兩種能力，就呈現大幅的成長。

政府的觀察與行政能力，讓任何規模的企業都不可能從事「帳外」的活動。企業的重大活動需要大量的內部通報作業，這表示需要記錄與通訊，而這都是政府可以觀察到的行為。任何想要逃避政府觀察的嘗試，就表示要隱藏非常多的資訊。

歷史的趨向現在可能要反轉了。如果政府介入經濟活動的能力，比不上各種組織，甚至是很大的組織從事政府看不見的轉換能力，事情會變怎樣呢？**隨著虛擬市場（以及其他人為交易的虛擬領域）的擴張，未來人們可能會用只存在幾秒鐘的貨幣來進行交易。**就像黑市交易，常常就在路邊的角落進行，而且從出現到消失只要一小時，虛擬經濟與貨幣也可能在網路某個隱藏的角落成長，並在瞬間就消失。一大塊的交易可能就會跑到「帳外」去了。

帳外交易通常面對更大的風險，黑市經濟就像西部大蠻荒。有法規規範時，交易會更興盛是有道理的，因為合約會被履行、遇到詐騙行為也會被保護。缺乏這些以信任為基礎的機制，就會限制黑市的規模。不過，**促成虛擬貨幣大量產生的科技，也同樣能促成虛擬交易的履行架構。**

在多人共同進行的電玩遊戲《英雄聯盟》（League of Legends）裡，玩家必須舉報其他玩家的邪惡行為，玩家因此可以得到戰利品。之後，根據級別，資深玩家會被邀請進來評估這些戰利品，並投票表決這些舉發是否公正。這些評審玩家會得到遊戲的物件與好處，以做為報酬。這種自動化的同儕審查系統，如果在大規模的範圍下，還可不可行？當然可行。維基百科（Wikipedia）、Slashdot [56]、Reddit [57]，都是由群眾評判與排名且運作良好的社群媒體系統。因此，沒有理由認為，被記錄下來的行為，不能用同樣的方式被評判。同時，自動與有記錄的評判，也意味著檢索與系統化的行為資料，因此能被仔細檢查，這正是政府可能必須規範的行為。虛擬的司法系統可能逃過政府的注意嗎？如果可能的話，虛擬的影子經濟的規模，可能就沒有成長的限制。

政府的稅收可能會流失

從另一個角度來說，任何影子貨幣都會遇到規模的問題。一個物品要在一群人之間被當成金錢來使用，才能得到金錢的價值。我給你的一張小紙片，只有在你給別人的時候，別人也認定那是金錢，這張紙才有金錢的價值。一種金錢形式需要取得多大的社會規模才會被信任，並不清楚。如果某個貨幣只存在三十秒，會有足夠的實體單位用它來交換價值嗎？那麼，要多少實體單位的認同才夠？或許，每一個影子貨幣都需要相當程度的參與人數，這樣政府才能隨時注意到這個貨幣的存在，並予以規範。因此要讓某個大型的經濟活動保持「帳外」，是不可能的，因為只有大型的貨幣系統才能運作良好，但沒有一個大型貨幣可以逃避政府的監管[58]。

我不知道情況會怎麼發展。虛擬黑市能不能從世界經濟中牟得暴利，取決於政府行政權與虛擬市場這兩個互相競爭的力量。以目前的態勢來看，虛擬市場的力量似乎比政府行政權更強大。因此，很可能會有一大塊的交易從檯面上的經濟退場。

這樣的退場會帶來一些影響。被留在正常經濟活動裡的人，可能必須負擔社會執法機關的費用。繳稅的實體變少了，每一個實體的稅捐就會增加。這樣只會讓大家更想從正常經濟體制中退場，並進一步減少稅基。因此，虛擬貨幣可能會引發削弱政府權力的動能。

在現在這個時間點上，我們還不可能知道虛擬貨幣引起的估價難題，是否大到讓這些經濟活動可以擺脫政府的監管。但像政府這樣的監管組織，與在虛擬影子經濟裡的迴避組織，兩者之間的戰爭已經開打。對這個議題有興趣的觀察家，應該要有心理準備，即將會看到政府稅捐與權力的減少與削弱。

---

56 編按：一個資訊科技網站，貼文由網友投稿，編輯篩選後發表，並附上原新聞的連結。

57 編按：一個社交新聞網站，一半貼文、一半是留言版提供互動，有極大的社群凝聚力。

58 除了從事黑市交易的人，恐怖份子與犯罪組織也可能應用這種科技。

努力就確定有收穫，虛擬貨幣讓人更快樂

比起觀察與監控，計算牽涉的問題更大。在許多文化中，金錢是一個人在生活中過得如何的關鍵衡量標準，也是保持成就的方法。金錢對人類經驗的主要貢獻之一就是，金錢有令人喜悅的功能，就這一點來說，虛擬貨幣對人類的快樂的潛在貢獻，就不應該被忽略。

由政府支持的貨幣從來沒有用彈性的方式來提升人類的幸福。但是，虛擬貨幣世代的先鋒已經向外探索全新方式，要用金錢來讓人們更快樂。

根據快樂經濟學的研究，我們發現，人們對金錢的情緒反應，有一些很有趣的特性。[3]第一，**大家都喜歡錢，而且似乎有內在的動機想要賺更多錢。第二，人們會對「拿到同樣的錢」習慣。**也就是說，如果我們重複拿到同金額的錢，這筆錢提供的喜悅感就會降低，甚至變得不再特別。為了提升我們對金錢的喜悅，就必須拿到更多的錢。這個過程稱為「快樂滾輪」（hedonic treadmill），類似一種上癮的狀態，就像某些藥物一樣。人永遠不會嫌錢太多，我們永遠需要更多的金錢，才能得到相同程度的喜悅。

想像一個高中畢業的年輕人，找到一份月薪五百美元的工作。比起過去的財力，這對他可是一大筆錢！這真是他人生中的快樂時光。他買了過去買不起的東西，包括自己的公寓、一輛二手車、更好的食物，甚至偶爾去餐廳打打牙祭。當他第一次看到薪資入帳的金額時，真是超爽！

幾年過後，薪資直接入帳，他不會再去注意。不過，如果他工作夠努力並得到升遷，月薪忽然變成兩千美元。哇！換一輛新車！兩房的公寓！每天都可以在餐廳吃飯了！還可以去佛羅里達度假！一樣的，幾年之後，這種生活方式也不再值得一提了。他也不會想到，這些都是他以前無法擁有的東西。

兩千元月薪像是渴望的一個界線，他不再覺得是一種喜悅，而只是一種平淡生活的提醒。如果他得到二五％的加薪，是很棒，但還不到令他興奮的程度。然而，一個月增加五百美元，等於是他第一份工作的薪水。當時，他是多麼高興領到這個數字的薪水，但現在，兩千美元再加上這五百美元，是很棒，但無法令他感到興奮。他領到錢的心理反應，就是平平靜靜而已。我確信，大部分的讀者也有相同的經驗。

其他快樂的面向就不屬於這個模式，根據快樂的研究建議，良好的家庭會對快樂有立即、持續且深遠的影響。長期的友誼也有同樣的效果。至於工作，不是金錢讓我們快樂，而是職業讓我們快樂。只要個人的內在召喚持續著，使命感就會讓人快樂。從長遠的生活滿意度來看，研究顯示，金錢是無法和這些相提並論的。擁有快樂生活的最大機會就是，快樂地結婚、有小孩、還要結交朋友，然後保持這樣，花時間和這些人相處，並追求你個人的人生追尋。

金錢代表後代，與生存動機有關

這種金錢與情緒的特定模式，是從哪裡來的呢？大家不妨思考一下大腦的演化過程。我們都是必須取得食物、安全感、溫暖與伴侶資源的人類後代。更重要的是，我們是那些比別人擁有更多資源的人類的後代。畢竟，資源是很缺乏的。有時候，資源豐沛，但有時候遇到壞年冬，有些人足夠過活，有些人就沒那麼幸運。

我們都是存活者的後代。從世界取得生存資源的基本動力，有很明顯的生存價值。

人類也是社交動物。從有人類開始，交易與分享的行為就存在了[59]。我們天生就能理解到，某一樣東西可以交換另一個東西。生存的需求不只需要特定東西的特定數量，還需要更普遍的東西，有些東西可以直接用買的，有些東西就拿來交換或分享。得到某個可以使用或分享的東西，能為人帶來一點快樂感，也有明顯的生存價值。

這一點快樂感為什麼會消失？

想像一下原始的環境，住了兩個遠古之前的人類祖先。一個叫喬，一個叫法蘭克。喬喜歡採拾漿果，但法蘭克不喜歡。更特別的是，喬每採一個漿果，大腦就會給他一種快樂的感覺，但法蘭克並沒有這種情形。由於漿果可以幫助遠古人類生存下去並繁衍子孫，喬就比法蘭克更可能生存下去。經過了很多世代之後，喬的子孫占了人口的多數，這些人都跟喬一樣，採漿果就會得到快感。

這個故事解釋了人為什麼會因為收集資源而快樂，但還沒解釋這種快樂為什麼會消失。

現在再來看看另一對早期的人類祖先，珍和多麗斯。她們兩人都是喬的後代，所以可以從採漿果得到快樂的感受。不過，珍最後對採漿果感到無聊，她在採了二十五個漿果之後就失去興趣了，但多麗斯還是很喜歡。當多麗斯繼續採漿果的時候，珍就開始想找新的事情來做。當然啦，可能有其他活動會引起珍的興趣，比如採集根菜類，或是在溪流裡抓魚等。如果有其他的條件配合，珍可能對採漿果會再一次感到興趣。比如說，一天採二十五個漿果真的很無聊，但如果她發現有一塊土地上有數百顆漿果和根菜呢？這可都是野生的。如果珍發現了這樣的土地，她的快樂程度也會再次提升。珍的動機激勵她改變現狀，而這些她最新發現的東西，不管是更好的漿果土地、或食物與庇護所等其他資源，也將提升她生存與繁衍後代的能力。感覺無聊是很好的，因為無聊會帶來探索、創新與向外擴展。

無聊的演化意義解釋了為什麼只有錢，人也不會快樂。擁有資源才能生存，因此，擁有對東西的渴望，比如說錢，的確提供了演化的優勢。但增加資源的渴望，還提供了一個更大的優勢。舉例來說，和前面相反的渴望，就是對已經擁有的東西很知足，在一個資源並不確定的世界中，這肯定是一種演化上的劣勢。這些人除了生活所需並沒有收集或囤積更多資源，他們可能在環境惡劣的時候，無法存活下去。

演化的理由也解釋了為什麼人喜歡得到更多錢。簡單來說，我們的大腦相信：金錢就代表後代。因此，這驅動了我們一直要得更多、更多、更多。當然了，要得更多就取決於計算，也就是金錢的計算功能。

59 人類不是唯一會進行交易行為的物種，黑猩猩會以親密性或性行為來換肉。

現實中，風險太大，人會不敢冒險

金錢的計算功能對人類的福祉與動機，有很重要的意涵。當人們可以用某種方式計算自己的收穫時，他們會很高興而且很積極。

虛擬貨幣對這有什麼影響呢？

最直接的答案就是，虛擬貨幣比實體經濟的金錢，能提供人們更大的快樂。虛擬經濟可以設計成包容各式各樣的計算經驗。在虛擬環境中，人們可以用各種貨幣買到各種東西。

實體經濟比起來又如何呢？對某些人來說當然是有趣的。任何擁有霍雷蕭・阿爾傑（Horatio Alger）[60]經驗、白手起家、從窮鬼翻身的人，一路上當然能享受極大的喜悅。但是在自由市場經濟中，絕大部分的一般人的經驗，可能只能體驗到年資與教育的效果。在市場經濟中，工資多多少少和他能為雇主產生的價值有關。一個不成熟、沒經驗、未受教育的人通常比成熟、有經驗、受過教育的人，能產生的價值較少。因此，一個人的收入會隨著年紀而增加。

對一個人來說，退休之後比他年輕時候收入更多（算入通貨膨脹率），並不是很罕見的事。根據美國二〇一一年的資料，十五到二十四歲年齡層的年收入中位數是一〇五一八美元，但在五十五到六十四歲的年齡層，則是四一五五〇美元。[4] 任何在現實世界中活在這個故事版本裡的人，應該都會為這個情形感到欣慰。

然而，從虛擬經濟設計的觀點來看，實體經濟有一些重大缺陷。[5]

實體經濟的第一個大問題是：普遍的焦慮與恐懼。風險和快樂有一種奇怪的關係。就像媒體心理學家安妮·朗（Annie Lang）指出的[6]，遇到威脅時，人會有一種根深柢固的傾向——我們都有某種程度的渴望想要對抗、想要冒險，但在同一時間，太大的風險也會導致焦慮和壓力。「是否值得冒險，要看報酬而定」，讓我們再次回到金錢的主題。

在實體經濟中，金錢既是風險，也是報酬。我們被驅動要得到更多金錢，但在追求金錢的同時，我們也是拿著現有的資產在冒險。

金錢同時引起的恐懼與興奮感，對任何曾經考慮過轉換職涯的人來說，應該都很熟悉。類似的情形是，投資股票市場也是在希望得到更高報酬率的同時，拿錢去承擔一定的風險。在實體經濟中，有各式各樣的風險與報酬機會，當然，高報酬永遠屬於那些願意且有能力承擔高風險的人。如果這些具有高風險承擔能力的人成功了，就會變得更有錢，但他們也可能失去一切。

雖然有些風險可以提供動機與快感，要面對巨大的損失風險時，可就一點都不有趣了。但在遊戲與社群網站的設計中，很少人在達到某一個等級之後又得重頭來。所有的成功與失敗，都是從現有基礎上來看你下一步繼續達成多少進展。你絕對不會一無所有。如此一來，就讓這個系統顯得沒有那麼危險。你可能會有所損失、別人也可能在你維持現狀時加速前進，雖然這些都會影響你的快樂程度，但說到底，你永遠都不會失去一切。

在虛擬經濟中，人們可以覺得很安全。相對來說，實體經濟的危險就多太多了。

---

60 譯按：霍雷蕭·阿爾傑是美國十九世紀作家，寫的都是從赤貧到致富的成功故事。

在虛擬經濟裡，每個人都知道致富的遊戲規則

實體經濟的第二個問題是：實在反覆無常。所有能影響我們決定的奇怪法規、標準與期待，誰能夠完全掌握？現實世界的成功方程式有一些明顯的元素（別得罪權威人士），但其他部分就很模糊。我們通常在數十年之後才發現該做卻沒做的事；有時候，我們會在事情發生很久之後發現，從一開始實體經濟的發展與演變就對我們不利；或者，我們根本不知道到底發生了什麼事。

相反的，虛擬經濟的遊戲規則完全巧妙地搭配玩家的技巧、資訊與興趣。絕對不會發生大規模的經濟不公不義事件。在任何一個虛擬經濟裡，多多少少都存在一個明顯的操作系統，每一個人都掌握得到這個遊戲規則，並且能從特定的活動與選項中得到報酬。每一個玩家都約略知道取得財富的方法，而且也有基本的能力得到這些財富。當然，並不是每一個人都能成為富豪。

在某些遊戲中，規則很清楚，只有技術最好的人可以成為最有錢的人。這些技能可能是體能上的，比如戰鬥的反應時間；策略上的，比如規劃的能力；或社交上的，比如結交朋友或成為領袖的能力。在另外一些遊戲上，技術和財富一點關係都沒有，只是投入時間的長短而已。而且，有些人就是比其他人有更多時間可以投入虛擬經濟。當某些人的技能與興趣剛好適合某個增加財富的遊戲時，他們的確就能變得更富有，但也沒有人在意。

社群媒體與經濟的參與者，通常會忽視結果的不平等。因為他們非常清楚，這些財富是怎麼被賺到的，也知道這套遊戲系統是客觀且公平的。每個玩家都了解，這些財富也可能是他自己的，他只是沒有相關的技能，或選擇不去用而已。

在虛擬經濟中，不管通往財富之路是什麼，這條路都不會是模糊不清或說變就變的。這條路對每一個人都是開放的，而且所有玩家都知道怎麼玩。「做這個動作，就能得到那個報酬」，這是和實體經濟最大的差異，因為在實體經濟，通往成功之路更加複雜，且隨機的因素與模糊的限制常常有著極大的影響力。

在遊戲中人人都有自主性，失敗也不會真的一無所有

實體經濟第三個問題是：提供極少的自主權。人類的祖先在圖畫中通常被畫成獨立的採集者。但在實體經濟中，非常少數的人才有那種行動的自由。我們通常處在綿密的職責之網裡，動彈不得。然而，虛擬經濟能提供的最令人興奮的事之一就是，獨立性與自主性。你通常不需要其他人的允許與協助，就能得到財富，你就是自己的老闆。在實體經濟中，對很多人來說，這只是一個夢。

最後，實體經濟非常不會處理金錢的快樂滾輪。太多人一開始就很貧窮，然後在遊戲的初期就面臨太多似乎不太值得的挫折。有些人則發現，爸爸已經贏了這個遊戲，他們已經很有錢了，所以遊戲變得很無聊，他們也不想玩了。

在大部分的虛擬經濟中，每個人一開始都是一無所有。一開始，遊戲系統會很小心且溫和地先提供一些前進的簡單方法。當玩家對遊戲更有技巧與知識之後，才會慢慢增加挑戰的難度。

虛擬經濟裡的風險會跟著報酬一起慢慢地升高，如此一來，玩家就能體驗到一連串的快樂時

光。每一次的成功之後，就會有更難、但做得到的新挑戰。

相對的，在實體經濟裡，一個人一生中的重大機會與危險，幾乎可能在任何時間出現，一點都不能妥善搭配一個人在一生中的相對位置，不會因為你是年輕或年老而有所不同。在這一點上，虛擬經濟就做得比較好。

基於以上這些理由，比起實體經濟，建立在虛擬貨幣上的經濟，可能更能幫人得到快樂。如此一來，實體經濟中的管理者，可能就要面臨一些壓力了。可能有人就會問：「為什麼你的遊戲規則沒有虛擬經濟那麼有趣？」

遊戲與社群媒體開發者正在推出新的貨幣、新的支付系統，以及提供玩家動機與成就感的新的經濟體系。如此一來，就會和實體經濟一起競爭玩家的注意力與生產時間。如果遊戲經濟比實體經濟更有趣，就會得到更多的注意、工作、消費與投資。如果遊戲與社群媒體經濟結合了人性對金錢的基本動機，就能繼續繁盛興旺下去。讓人喜樂的金錢系統會生存下去，做不到的就得黯然退場。最終的結果有可能是，人們取得與計算金錢的方式會產生戲劇性的變化，因為虛擬經濟為這個世界啟發了新的經濟互動模式。

虛擬貨幣對經濟健全性的衝擊

目前為止，我們審慎考慮了虛擬經濟的兩個面向：一個是它對政府觀察、監管能力的影響，一個是它對快樂的影響。雖然這兩個影響就已經夠重大了，但從單一貨幣系統轉移到虛擬貨幣系統可能產生第三個重要的影響：經濟的整體健全性。

今天擁有的財富是過去經濟成長的直接結果。住在已開發國家的人，是有史以來最富有的人（法老沒有牙醫，但你有）。經濟成長本身就是一件好事，它也是醫療、公共衛生、警政、安全措施、藝術與教育和解救貧窮的必要先決條件。因此，必須要很小心，不要危害到經濟的效能。

虛擬貨幣系統可能會為經濟之輪的所有層面帶來一些摩擦，因為商品與服務的交易與談判需要時間，任何會增加成交時間的事都會讓系統變慢。

想像一下，住在聖地牙哥的保羅和佛蒙特州的潔西卡，潔西卡有一個衝浪板，保羅有一件連帽的毛皮外套。當這兩樣東西在他們各自的櫥櫃中堆積灰塵的時候，都是沒有價值的。現在，讓保羅和潔西卡互相交換東西，保羅就能從衝浪板、潔西卡從毛皮外套中得到價值。**僅僅只是交換所有權，把東西交給最常使用的人，這樣的經濟體系就能創造價值。**

然而，假設保羅與潔西卡必須針對交換進行談判，比如說，他們彼此並不信任，或是必須決定誰應該要付貨運成本的差價。如果這種討價還價只要花一秒鐘，也不會造成問題。但想像一下，如果他們無法在一天或兩天內，或一星期內達成協議，會發生什麼事？兩人協商到某一個程度，潔西卡可能認為，根本不值得為了得到一件毛皮外套與丟掉衝浪板，和保羅囉嗦那麼多。在這個情況下，**討價還價與談判折衝的成本，就會阻礙這個經濟體系創造價值。**

經濟學家認為，不能創造價值就等於摧毀這個價值，因為這個價值本來是我們可以擁有的，但卻沒有得到。一個無效率的經濟體就是，無法從既有的資源中得到最大的效用。在無效率的經濟體系中，就像一個很餓的人手上有一杯水，一個很渴的人手上有一個三明治，但因為某種原因，他們就是不互相交換，結果兩個人只好繼續忍受飢餓與口渴。

單一貨幣對經濟體系的運作效率，有很大的貢獻。一個清楚的價值標準對任何談判都有極大的幫助，這也解釋了，為什麼金錢有這麼強大的網路效應。越多人使用一種金錢的形式，就越少人需要爭論。

想要理解得更清楚，你可以想像，假設你要用房子後頭種的樹砍下來的木頭，去買一輛二手車。你可能不知道，這批木頭價值多少錢，賣車的人也不知道，你們兩個可能需要一起去研究一下，或者猜測一下。

然而，研究需要時間，猜測帶來風險，這兩者都會讓交易失敗。

藉著提供雙方一個表達價值的共同標準，單一貨幣系統可以消除討價還價的麻煩。你不必拿木頭去交換車子，你是拿木頭去換一筆錢，再用那筆錢去買車子。除非你能和別人擁有共同的心智，否則這是促成交易最有效率的可能方式。

多重貨幣系統，換算的成本會增加

如果有很多種表達價值的方式，一開始就必須把每樣東西轉換成一種價值，這就是歐洲人遇到的情形。在歐元誕生之前，銀行業的主要功能之一，就是在機場與火車站設置貨幣兌換亭，這樣人們才能很快地把自己原來的貨幣，轉換成他抵達的所在地使用的貨幣。這個兌換方式簡單又容易，但不是沒有成本。當你進行交換貨幣時，銀行會從中收取一點折扣，可能是一%、二%或三%，來分攤銀行匯兌服務的成本，這就是經濟體系的直接損失。這些投入匯兌動作的人力、時間、紙張與兌換亭的土地，都可以用來做其他用途，比如做風箏或是炸薯條，但卻被用來做為從某地移動到某地時兌換紙張的用途，這實在是很沒效率的事。

跟這一樣糟糕的是，這還不是多重貨幣系統導致的主要問題。我記得我開車通過比利時鄉間時，忘記在邊界確認比利時法郎與美元的匯率。那天下午，我在一家很精緻的餐廳享用了一頓餐點，當帳單送上來時，我當場以為，我為了一隻根本不是我點的、眼神呆滯的鱒魚付了一大筆錢。但結果是，這的確是合理的價錢，只是我一點都不知道。

不知道什麼東西值多少錢，是貨幣產生混淆的真正成本。當人們不知道某一個貨幣現在的價值，或者遇上更糟的情況，如果人們不知道所有東西在未來的價值，就會對任何東西的價錢付出風險溢價。

如果我在一次交易後，對方給我某一種貨幣，而我認為這個貨幣的價值會貶值，那我就會堅持對方要付給我更高的價格。如果我認為，那個貨幣一年內就會消失，那我絕對會要求一個更高的超級價格。情形就好像，我的交易夥伴是用高科技新創公司的股票付我錢，誰知道一年後這批股票會價值多少？因此，他最好給我一大堆股票。雖然，今天可以很輕易地看到股票的美元交易，但我們並不知道，這個市場價值是否穩定。即使有電腦幫忙轉換（這實在比一大票銀行行員坐在機場與火車站要便宜太多了），多重貨幣系統還是會拖慢交易進行的速度。

這也是為什麼貿易商與生意人，長久以來都在推動一個或幾個貨幣系統就好。**在虛擬貨幣的時代，每一個做交易的人都必須做功課或是猜測，某個特定貨幣在當時的價值。不只如此，我們還必須知道，這種貨幣在哪裡可以使用、以及要怎麼使用**，因為，不是所有的貨幣都可以交易所有商品，也不是隨時隨地都能使用。貨幣使用的情形會變得很複雜，很令人困惑。

但這可能會為某些人創造工作，比如編寫自動金錢助理程式（automated money assistants）的人，但這些工作對經濟體系來說，都是一種無謂的工作。在一個更有效率的經濟體系裡，他們可以編寫或管理其他程式，也許可以讓自動系統處理付款，或是毫不增加成本地讓所有貨幣彼此轉換；也許還可以編寫出一種程式，讓我們只要選定一種貨幣，之後遇到的所有商品的價值，就會自動用這種幣值表達出來。我想像的一個小小的應用程式則是，你可以從一個漫畫金庫中拖曳出不同名稱的硬幣，並拉到你想買的東西的圖案上。某個人就必須打造並維護這樣的應用程式，但他也可能可以去做其他的事。貨幣混亂的世界，肯定會增加成本。

除了衝擊經濟，還可能影響社會政策

當我們從幾個價值的標準，轉換到很多種價值的時候，政府就會很難跟上狀況，這也暗示了，可能需要更大的政府才能運作。我們也可能會看到，**因為虛擬經濟帶給人更多快樂，所以更多生產勞動力會轉換到虛擬經濟。由於貨幣混淆的狀況，整個經濟規模可能會慢慢變小。在虛擬貨幣的制度裡，可能在某些地方損失一些效率，但在另外一些地方得到一些效率。整體來說，我們可能會得到自主性，但面對的風險也會改變。**

我們的口袋裡不會只有一種穩定的貨幣，而且由於國家徵稅的能力減弱，政府可能更難確保對抗貧窮、意外與高齡的政策。我們可能會花更多錢或時間在設計得更好的經濟體系裡。我們會更快樂嗎？這是說不準的事，但事情一定會和現在不一樣。

第六章

虛擬貨幣
會發生金融恐慌嗎？

如果銀行把虛擬貨幣拿來做為貸款或投資其他公司；如果企業用虛擬貨幣來做為交易的部分工具，比如說，用亞馬遜幣做為借出美元的儲備金，萬一發生恐慌……

貨幣的信心問題：通貨膨脹與通貨緊縮

就像前面已經看到的，遊戲與社群媒體從非常獨特的角度來參與經濟：他們希望人們快樂並盡量投入。他們運作的環境限制也與實體經濟不同，其中的重要差異就是規模。在虛擬貨幣裡的每一個管理者，只會考慮自家公司的健全，以及自家貨幣的貢獻。但在現實世界中，所有國家的經濟是彼此相互依存的，管理者必須考慮到整個系統的健全性。

虛擬貨幣帶我們回到十九世紀甚至更早以前，當時，銀行可以發行各自的紙鈔，並操縱這些紙鈔的價值。在今天，虛擬貨幣的營運者確實就是處於這種情形。在私人銀行時代，貨幣系統通常非常戲劇化地崩潰，而且還發生過很多次。如果金融恐慌發生得非常頻繁，那麼貨幣的價值就不值得一提。在第二章，談到了創造貨幣的基本機制，以及這個機制如何導致金融業者之間的互相依存，只要一家倒，其他家銀行也會一起倒。在這裡，我要探討的焦點是放在更廣的議題：對貨幣的信心，以及虛擬貨幣為什麼可能侵蝕人們對整體經濟的信心。

我們可以說，整個經濟其實建立於信心之上：我們相信別人會說到做到、相信法律與法規不會說變就變、相信交易的商品是真貨。研究顯示，為了健全的公民社會與經濟的富裕，對整個政府層次的信心是非常重要的基本條件。[1] 在支持經濟體系中的信心制度時，法院與政府很重要，但它們的功能也僅止於此。

一個沒有信心基礎的社會，不會僅僅因為有律師、法官和政府執法人員就會成為讓人有信心的社會。相反的，一個有信心基礎的社會，即使這些執法單位被撤除，還是能維持信心一段時間。

信心是文化的一部分，是一種分享共同意義與理解的現象。因此，什麼是貨幣的大眾心理學？這會如何影響經濟中的信心？又會如何被虛擬貨幣所影響？

食物、汽車變貴了，不一定是通貨膨脹

我們先談談，在貨幣中的信心概念。在這裡，有一個信心交換比例的衡量標準：通貨膨脹。

通貨膨脹，簡稱通膨，是一個經濟學的技術性概念，但在一般對話中很廣泛地被誤用著。用一般的話來說，「膨脹」就是擴張、爆炸、從內部變得更大的意思。這個字通常被用在經濟領域中只要任何變得更大的東西上，比如說，有人會說食物價格膨脹了、花在汽車上的開銷膨脹了、或者政府的預算赤字膨脹了。這些用法很可惜都是令人混淆的，因為，這個術語在經濟學上有特定的意義：**所有的價格都提升才能叫通貨膨脹**。通貨膨脹甚至有技術上的衡量方法：

- 找一籃子的商品與服務。
- 找出這一籃子在第一年的價格。
- 找出同樣這一籃子在第二年的價格。

・這兩個價格的差異就是通貨膨脹。

・這個差異的百分比就是通貨膨脹率。

通膨可以被用在經濟體系中的不同部門，也可以被用在整個經濟體系中。這一籃子的商品與服務會改變通膨的定義，如果你把經濟體系中的所有商品與服務都放在這個籃子裡，你會得到整體的通膨率；如果你只是納入商品的一部分，那你就會得到這一小部分的通膨率。

貨幣是用很特殊的方式出現在通膨概念裡：它是表達價格的物品（item）。你使用哪一種貨幣並不重要。

你可以用沒有真實用途的紙鈔，或用具有真實用途的物品，來表達這一籃子的價格。你甚至可以用籃子裡的某一個物品來表達，舉例來說，假設一個蘋果的成本是兩美元。用美元標價為二・〇五四美元的一籃子商品，也可以用蘋果價格來標價，就會成為一・〇二七蘋果價格。

在通膨研究的共同做法是，把第一年的一籃子價格視為某個虛構貨幣的一個單位，於是這一籃子在第一年的價格就是很簡單的「一」；然後，這一籃子的東西在第二年的價格就會變成「一・〇四」，意思就是要花一・〇四籃的第一年籃子，去買第二年的籃子。

因為通膨是所有商品相對於某一種貨幣形式的價格，因此可以衡量那個貨幣的價值變化。整體價格的漲跌與幣值的升貶，這兩個觀念之間有一種對等的關係。**當物價上升，貨幣就會減少購買力；當物價下跌，貨幣就會增加購買力**。貨幣的購買力變化就衍生出信心與信任的問題。因為通膨可以衡量貨幣如何快速地失去購買力，因此也可以衡量那個貨幣值得信任的程度。貨幣一旦快速通膨，在短短幾年內，能買到的東西就會大大減少，因此你最好不要死抱著這種貨幣。換句話說，你不應該信任這種貨幣可以做為保值工具。

流通的貨幣數量，直接影響商品的價格

為什麼不應該認為，某一種貨幣在明年也能買到今年可以買到的東西？這似乎是一個難解之謎。商品與服務的價格，為什麼要變來變去呢？

為了理解這一點，先試著想像一個小島的經濟體系。在這個小島上，只有椰子和蝦子。我們用貝殼當作貨幣61。因為椰子的數量是蝦子的兩倍，所以把蝦子的價格訂為十個貝殼，然後把椰子的價格訂為五個貝殼。那一年後為什麼蝦子會變成要價二十個貝殼，然後椰子也變成要價十個貝殼呢？或者，蝦子要四個貝殼，椰子要兩個貝殼呢？在現代經濟體系中，這種變化是持續不斷發生的事。在美國，從二〇〇二年到二〇一二年，平均通膨率是每年二．五％。[2]二〇〇九年呈現平緩的走勢，但在這十年中的其他任何一年，通膨率至少增加一．五％。事實就是如此，年復一年，因為某些原因，相同商品的一籃子價格就是會變貴。

對通膨最簡單的解釋，就是貨幣的數量理論。根據數量理論，在一個經濟體系中，貨幣的數

61 貝殼被當作奢侈品與貨幣由來已久，舊石器時代晚期的克羅馬隆人（Cro-Magnon）墓地中，距離海洋有幾百英里遠，就發現了貝殼項鍊。

量與交易的次數，兩者之間有一定的關係。

如果貨幣的數量比商品被買賣的次數增加得更快，那麼所有東西的價格都會上漲。換句話說，貨幣的數量決定了物價的水平。

在小島經濟體系裡，如果強大的暴風雨把數百個新貝殼帶上了海灘，我們就可以預期，蝦子與椰子的價格都要上漲了。人們會跑向海灘，去撿這些新貝殼。然後，因為感覺自己有錢了，他們會到處去買蝦子和椰子。這樣就會造成供給短缺，價格也會越喊越高。因為根本的經濟情況並未改變，在這個島上，椰子的數量還是蝦子的兩倍，蝦子與椰子的價格比例還是維持在二比一。新增加的貝殼數量則讓這個比例提升到更高的水平。結果就是，新增加的貝殼降低了每一個貝殼的購買力。

因此，**當你要相信一種貨幣的價值時，就得考慮到，這個貨幣的原始數量與這些貨幣進行交易的次數之間的問題。**

在簡單的經濟體系中，數量理論非常好用，因此，在理解虛擬經濟時，也一樣好用。虛擬經濟通常沒有銀行業務、金融體系或政府借貸，大部分只從事交易活動，貨幣也只存在於相當封閉的系統。如果管理者把貨幣大量灌進這個虛擬經濟體系，物價一定會上漲，貨幣會貶值。[3] 如果玩家改變行為，他們努力得到很多貨幣，但卻沒有同時增加交易活動，貨幣也會貶值。

美元紙鈔不是天生就有價值

那麼在大型又複雜的經濟體系中，通膨又是怎麼一回事呢？在這裡，對等的兩部分，也就是貨幣的數量與交易的次數，都是模糊不清的、也很難測量，而且更難管理。但毫無疑問的，貨幣的數量與交易的次數，兩者之間的關係依然非常重要。

但如果要問：「構成一筆交易的組成是什麼？」以及「一筆交易要用到的錢何時『可以取得』？」事情就變得複雜很多。在這裡，不是要討論錯綜複雜的貨幣政策，但有一件事非常清楚：只要有一些複雜度，貨幣價值的決定因素就不只是數量的技術性問題了，對貨幣的信心會變得很重要，這就牽涉到大眾心理學了。

稍後將會看到，心理因素例如恐慌如何影響實體事務的價值。但現在，不妨先想想，**光是不同的期望就能影響貨幣的價值**。再想想，紙鈔其實根本沒有絲毫用途，不能拿來吃、不能拿來穿，也不能在上面寫字。因此，**紙鈔的價值完全決定於你相信能用它來交易**。當你去雜貨店時，你確信你可以用一美元來買一條麵包。你的信念也很合理，因為每次你去店裡頭拿起一條麵包時，你交給女老闆一美元之後，她就讓你把麵包拿回家。你對美元價值的信心，是藉由別人的行為得到確認。

那麼別人這些讓你確認你對美元的信心的行為，是怎麼產生的？其實是來自他們對你的行為所抱持的信心。女老闆從你手上拿到沒用的紙鈔，並讓你帶走有用的麵包，是因為她相信你以及其他人，會讓她用這張沒用的紙鈔，去交換其他有用的東西。你相信她，她相信你，每個人都相信其他人。全部的人都有共同的信心：一美元價值一條麵包。美元的價值就存在於這個信心之網：「在我們這群人裡面，這個沒用的東西可以用來交換有價值的東西，因此，我們可以把它當作就像它本身是有價值的一樣。」

「就像」，這就是信心的關鍵跳躍。**美元紙鈔並不是天生就有價值，但我們把它當作就像它有價值一樣。**我們這樣做是因為，我們期待別人也是一樣。只要有這種共同期望的人夠多，這樣做就很合理。只要我們不再這樣做，相信它有價值這件事也會立刻變得沒道理了。如果雜貨店的女老闆不收我的美元，我也不會從別人手上收美元。如果沒有人接受用美元來付錢，就沒有人應該繼續這樣做。那就像是接受一堆雜草或雲朵，來當成擁有真實價值的物品的支付工具一樣[62]。

因此，當期待破滅，貨幣的價值也會像雲霧一樣消失不見。期待是短暫的，而且只存在於人們的心中。因此，如果期待可能消失不見，那麼價值也一樣，價值可能一下子出現，但下一刻又消失了。如果人們認為，別人對待某種紙張的方式改變了，那張紙可能會立刻從錢變成不是錢；或者從不是錢變成錢。而且，**這種轉變單純只是因為人們思考方式改變了，不必和現實有任何關係。因此，貨幣的價值其實是非常敏感的**。

幸運的是，在一個社會中，期望通常不會馬上改變，而是逐漸慢慢改變，這也是現代經濟體系中通膨率的特色。年復一年，對一單位的貨幣可以交易的東西的期望，只會侵蝕幾個百分點，小到幾乎不會被人察覺，直到你有一天看老電影才忽然發現，以前的人加油或剪髮好像付不到多少錢。

如果貨幣的貶值變得很明顯，通膨就會變成重要的政治議題。一九七〇年代晚期，美國的通膨率達到二位數，很多人認為這是真正的社會危機。一九八〇年代，南美洲的通膨率以每年二〇%、三〇%，甚至五〇%的幅度上升，類似崩盤與大災難的情緒瀰漫。因此，政策制定者通常都會非常努力避免這種情形。不過在同時，他們也會避免發生任何程度的通貨緊縮，最理想的選項似乎是低通膨。

為什麼政府都要低通膨？

為什麼要低通膨？我們先從通貨緊縮談起，**通貨緊縮通常被認為是災難。通貨緊縮的意義是，所有的物價都下跌，貨幣也因此增值**。為什麼這會是災難呢？我們再回頭談談大眾心理學。

如果你保有紙鈔，並發現這種紙鈔正在增值，就可能發生一個情形：不要花掉就可能增加這張紙鈔的購買力，你就賺到了。再來想想一年內不會損失很多價值的商品：一桶石油。假設你用一百美元買了一桶石油，並保存了一年。在這段期間，貨幣增值了一〇%，也就是說，所有商品與服務的價格都下跌了一〇%。事實上，石油的價值並沒有改變，它和你買的時候一樣有用、也一樣稀有。但經過一年，它的價格從一〇〇跌到九十美元。如果你把它賣了，你會收到九十美元現金。對你來說，其實沒什麼差別，因為現在的九十美元可以買到的商品與服務，和一年前的一〇〇美元能買到的一樣，你的財富並沒有損失。

但如果你當初不是買石油，而是把一〇〇美元保存起來，會發生什麼事呢？經過了一年，你

62 我想起最近有一個有關運動迷奇怪行徑的廣告詞是：「如果沒效，就只是笨了。」如果沒效，用美元交易，也是很蠢的。

手上的錢是一〇〇美元，而不是九十美元。這一〇〇美元可以讓你買到比一年前多一〇%的商品與服務。石油的價值沒有改變，但貨幣增值了。因此，保有貨幣是更好的投資。**在通貨緊縮的年代，保有貨幣是聰明的做法。**

但如果很多人都把貨幣保存起來，就會大幅降低實體經濟的活動力與成長性。當人們不花錢，只是把錢放在床墊底下，企業就會發現，人們對商品與服務的需求降低了。企業必須縮減成本不然就會破產，於是他們會降低存貨與勞力的開銷，他們可能會取消原物料的訂單並資遣員工。這將導致更多人失業，於是有更多人縮減開銷，接著又導致其他企業跟著這樣做。

如果縮減開銷的情形普遍發生，就會引發經濟衰退的一連串反應。在極端的情況下，通貨緊縮的程度大到即使個人存了更多錢，但整體經濟存下的卻更少。儲蓄只是在縮小的經濟大餅中占更大塊而已。在這種奇怪的情況中，要增加儲蓄最好的方法，就是鼓勵人們花錢。這就是知名的節約悖論（the paradox of thrift）：**如果一個國家裡都是節儉的老百姓，國家的整體儲蓄可能會變少**。當然，不是每一個人都會得到這個教訓，但是大家都普遍同意，**通貨緊縮會導致經濟衰退，並帶來所有經濟衰退的禍害：失業、工廠關閉、縮減公共服務，甚至更多更糟糕的情形。**

高通膨也可能帶來危害，就像我們已經看到的，通貨膨脹太嚴重，人們會對貨幣在未來的購買力失去信心。信心喪失也會影響到其他部門，高通膨時期通常也是政府發生危機的時期。

如果高通膨與通貨緊縮這兩種情形都很悲慘，那麼低通膨就是可以接受的中庸之道。經濟政策決策者接受低通膨，不是因為低通膨本身很美好，而是其他選項實在令人非常難受。

遊戲貨幣裡，通縮極罕見，通膨很常見

遊戲與社群媒體的設計者，似乎已經和現實世界的政策制定者，得到相同的結論。雖然我手上沒有相當的統計數據，但根據我在許多虛擬世界與社群媒體的直接經驗，我可以很有信心地說，通貨緊縮是非常少見的。我和我的研究生都沒遇過任何玩家遭遇過虛擬貨幣緊縮的問題。我們甚至聽都沒聽過。

有一種虛擬貨幣，就是比特幣，在設計的時候可能是限量的，但也從來沒發生過緊縮的問題。根據設計，流通的比特幣數量從來沒有達到設定的標準。比特幣是經由一個程式技術協定而產生，玩家要用很多大型電腦來排除大量的困難問題，才能得到比特幣。任何一個人都可以設定一部電腦來做「採集」（mining）的工作，只是任何電腦都必須花很多時間去解決比特幣的問題。

比特幣的技術協定細節非常複雜，以這種方式運作下去，到了二〇五〇年，就需要一部和整個宇宙一樣大、且用光速運算的電腦，來處理採集比特幣的問題。不再有更多比特幣出現的那一天，也會到來。在這種架構下，比特幣將會慢慢地增值。

但是，在一個交易次數不斷增加的世界裡，固定數量的貨幣最終一定會引發通貨緊縮現象。

我們回到只有蝦子與椰子的小島經濟裡來討論，如果固定用兩千個貝殼當成流通貨幣，然後把蝦子每天的交易次數從五百加倍成為一千次，然後椰子的交易次數也從一千次增加一倍到兩千

次，那麼每隻蝦子的價格就會從四個貝殼下跌到兩個貝殼；每個椰子的價格也會從兩個貝殼變成一個貝殼。

固定的貨幣與增加的交易次數，意味著每一次的交易中貨幣的價格必須下跌。

雖然，在寫這本書的同時（二〇一三年），比特幣的流通數量在增加，但不會永遠如此。比特幣經濟體系的長期健全性，可能會因為這個貨幣無法避免的緊縮現象而受到影響，因為緊縮將會鼓勵人們不想花掉比特幣，只想保存起來。

駭客、設計不良，是遊戲裡發生通貨膨脹的主因

會增值的虛擬貨幣中，比特幣似乎是少見的案例，至於會貶值的虛擬貨幣，例子就非常多了。有些是遊戲設計時就設定好的，有些則是意外與玩家不良企圖的結合而產生的結果。

一個早期的例子是發生在社群媒體棲息地（Habitat）上。[4] 一個商家發生了訂價錯誤，導致玩家可以從一個商家那裡用一萬八千代幣買到水晶球，然後用三萬代幣把這些水晶球賣給另一個商家。一天晚上，兩個玩家就這樣在商家之間，來來回回好幾個小時不斷累積代幣。幾個天量的代幣訂單，遠遠超出設計者一開始的設想。結果，這個系統的貨幣供給數量，一夜之間翻了五倍之多。這個社群媒體的擁有者對此現象無計可施，只能消除這個電腦程式的錯誤。而這些新富玩家則把他們多出來的現金，花在為其他使用者尋寶。也就是說，新產生出來的貨幣，並沒有被移出系統，因此，玩家交易的價格水平就提高了。

類似的貨幣爆量也發生在遊戲《網路創世紀》（Ultima Online）上，當時有一個很有企圖心的人，也是想出了能夠自動採集黃金的方法[63]。

這些故事告訴我們，**在遊戲與社群媒體環境中，駭客、程式錯誤與失誤，是通膨的主要原因**。狡猾的玩家想出了如何讓系統在自己的帳戶上放更多錢，然後不斷利用這個程式錯誤，直到被修正為止。如果他們把這個祕技告訴其他人，在這個程式錯誤被解決之前，大量的貨幣可能就會湧入這個系統。這些錢如果沒有被移除，玩家與玩家之間的交易價格水平就會提高。和程式錯誤有關的通膨現象已經非常稀鬆平常，因此虛擬世界開發者會投入相當可觀的資源來確保財產權，以確保每一個帳戶裡頭的錢，都是玩家應得的，不會有其他額外東西。

造成虛擬通膨的設計缺陷，來自於開發者把錢放入虛擬世界的方式。

在現實世界中，貨幣是政府與私部門一起共同創造出來的。政府只要藉著發行貨幣，並用它來買東西，就可以創造出貨幣，就像過去的國王擁有鑄幣廠，可以在硬幣上刻印、並做為王室開銷的用途。

至於當代的經濟中，絕大部分的貨幣創造發生在私人銀行接受抵押，並把這些抵押借給其他人。提出一元抵押品的人，會得到一張紙片，這張紙片可以當成一元的貨幣價值來用；至於，向銀行借一元的人，也會有一元的貨幣價值。一個硬幣，卻有兩個硬幣的貨幣價值。

[63] 曾經有一段時間，網路上可以找到一篇名為〈創世紀黃金農夫的告白〉。現在似乎已經不見了，但我直接回想到這件事。

遊戲裡的完美金庫：不收利息、不收手續費、隨時可取用

遊戲與社群媒體不是經由銀行來生產貨幣，因為那裡沒有銀行。更確切地說，每一個玩家都能非常安全地把錢放在絕對安全的金庫裡，而且多少錢都沒有問題。金庫提供的服務非常完美，以致你可能都不會注意到它們。

雖然不是每個虛擬世界都用相同的方式運作，但一個基本的貨幣創造方式，通常是這樣設計的：當你看到的商家或是螢幕上面寫著：「倉庫」，就會有一個叫做「財物清單」的視窗被打開來，其中詳列了你擁有的所有東西。在所有東西的下方，會有一條底線，底線上面寫著：「黃金：####」（表示你擁有的貨幣金額）。

在財物清單上，點擊其中一個物品，就會有對話框跑出來問你：「要賣嗎？」然後會跟著「是」和「否」的選項。如果你點擊「是」，這個物品就會在財物清單上消失，但同時，會有一個數字加到你的貨幣金額上。如果你想要買東西，你點擊「要買嗎？」就會出現一個物品的清單，你點選想要買的東西。這樣做之後，這個物品就會出現在你的財物清單上，你的貨幣金額也會被減掉一個數字[64]。

寫著「黃金：####」的那一行字，就是一種完美的金庫，比任何現實世界的銀行更好。它可以幫你保存任何數量的貨幣、而且你隨時都可以取用、也不收利息、更不收手續費。它接受你的指令，把資金轉移給任何人或任何單位，過程中不會有絲毫遲疑，對雙方也不會產生任何費用。沒有貨運費用，也不用轉換成本。而且，絕對安全，或者更精確一點說，差不多就和你財物清單

裡的物品一樣安全。

但你不能跟金庫借錢，它不從事任何借貸行為，只專注於交易與支付服務，就像我們說的，這兩件工作它表現得非常完美。金庫不是尋求獲利的單位，它完全不擔心可能有數百萬的金幣在它的保險箱裡面堆灰塵。雖然它可以把多餘不用的硬幣借給其他人來賺錢，但它被設計為不要這樣做。在遊戲世界中的金庫不會從事借貸行為，因此不是要賺錢用的。

遊戲控制貨幣數量的方法：買賣、打怪

那麼貨幣是如何進入遊戲經濟的世界呢？

一個方法就是得到王室許可。開發者就是遊戲世界的國王，他們在資料庫中創造貨幣，然後設計不同商家角色向玩家買東西，就能付錢給玩家。

比如說，某個奇幻遊戲可能在碼頭邊設了一家叫做馬文的商家，你去找他然後點它。就會跳出來一行字：「歡迎光臨馬文的小窩，我可以為你做什麼呢？」你可以從自己的財物清單中挑東西來賣給馬文，然後他會給你不知道哪裡來的金幣。

簡單說，開發者給馬文自動生產新貨幣，並把這些貨幣轉移給玩家的能力。藉著設定馬文可

64 我很驚訝，我們竟然沒有像這樣設計界面的金融卡或信用卡，因此每次買東西都要再次輸入支付資料。

以買的不同東西的價錢，開發者就能控制貨幣的供給量。如果他們想要在這個經濟體系中投入更多貨幣，他們就提高馬文買東西的價格；如果他們想減少貨幣的數量，就把馬文買東西的價格降低。他們也可以在銷售端控制供給量，藉著賣東西給玩家，馬文就能把金幣從系統內移走。如果開發者讓馬文用很便宜的價格賣出功能強大的商品，馬文就會賣出很多，結果就可以把一大堆錢從系統內吸走。**因此，藉著改變商家的買賣價格，開發者可以控制從系統中移入與移出的金流。**

第二個方法就是用魔法。某個玩家到了虛擬世界中的荒郊野外，殺了一隻水獺，結果真怪，竟然發現這個水獺肚子裡藏著寶藏！有一塊毛皮，還有兩個銅幣！這兩個物品就會進入這個勇敢獵人的財物清單，而這些商品與貨幣也就進入了這個經濟體系。毛皮可以看作是一種收穫，這也滿合理的，至少這是動物的皮膚。比較不合理、而且還幾乎是普遍的做法是，在虛擬世界中抓到的所有生物，不只是恐龍，也包括水獺和老鼠，剛好身上都帶著錢幣。

這樣設計的理由很簡單：人們可以從得到貨幣的活動中增加快感。如果遊戲的目的是獵殺怪物，那麼殺死一隻怪物（即使是瘦小、毛茸茸、有大門牙的小老鼠）的行動，就一定會得到寶物做為報酬。在社群媒體的環境中，金幣則用來獎賞其他的行為，比如解決疑難、和其他人聊天、在遊戲中達到某種成就等等。藉著改變「下降率」（drop rate），也就是在虛擬世界中可以創造貨幣的行為，設計者可以改變貨幣流入的數量。

拍賣場的保證金、手續費，都是設計來控制貨幣流量

這個創造貨幣的方法有一個非常不好的副產品：貨幣也可能神奇地消失無蹤。通常這會被稱為費用或是稅捐。舉例來說，你去找一個馬車伕，請他帶你到地圖上的另一個地方，系統可能會從你的金庫中扣除一定數量的金幣。如果你賣東西給另一個玩家，系統通常也會拿走你一部分的收入。

雖然玩家非常不喜歡這種減少金幣的方式，但這卻是健全管理貨幣的必要措施。現在值得暫停一下，來看看遊戲設計者如何做到這件事。最常見的方式是，經由拍賣場（Auction House）來收取手續費，這也是所有平臺設計的方式。[65]

在拍賣場，任何玩家都可以貼出想賣掉的物品。只要物品被張貼出來，系統就會要求開價的一％或二％的保證金。如果東西賣不掉，保證金通常會歸還（有些遊戲是不還的）。如果東西賣掉了，賣家會收到售價，並扣掉一筆「拍賣手續費」。系統會很有效地隱藏或不說清楚一筆買賣的手續費到底是多少。買家不必負擔任何佣金費用，因為他看到物品的價格，付出這筆錢，就可以把東西拿走了。而賣家則是先設定銷售價格，並付了一筆不是很大的保證金，最後得到一筆銷售收入，還好像多了一點點。

舉例來說，安妮貼了一個有魔法的舵，希望賣一百個金幣。當她貼出來時，系統要求：「保證金：五個金幣」。她就付了五個金幣，然後就去忙其他事了。三天後，安妮收到系統給了通

[65] 我們發現大部分的遊戲設計者都把經濟制度當成麻煩事，事情可以運作之後就會被忽略。現在似乎很需要有一個玩家經濟，但只要一存在，也通常不會再改善以追求更高的使用者滿意度。

知：「你的魔舵已經被其他玩家買走了，一百零三個金幣已經存入妳的戶頭。」安妮可能不記得她自己設定的精確售價，以及她當初付的保證金。所以她也不可能知道，她剛剛付了二%的銷售稅。這就是設計者從經濟體系中把錢吸走的方法。

這是非常強大的方法，因為被移走的貨幣數量，會和拍賣場的忙碌程度有關。很顯然地，業務繁忙的拍賣場會從經濟體系中移走更多錢，而冷清的拍賣場就會把更多錢留在這個經濟體系裡。這是很有趣也很有效的做法，因為冷清的拍賣場可以反應蕭條的經濟，在蕭條的經濟環境中，就不應該再把錢移走。然而，在繁榮的經濟體中就應該把錢移走，因為繁榮的經濟也必須穩定下來。**拍賣場的設計就像現實世界中的營業稅，是一個自動的經濟安定裝置。**

非常值得注意的是，就像政府用來讓我們接受稅捐的心理技巧一樣，這個系統也應用了一樣的心理技巧。

在現實世界的所得稅制度中，錢會自動從我們的收入中被拿走，然後我們必須填寫表格，確認被拿走的錢與實際應該負擔的稅額相當。一般的做法是，政府會從一個人的薪資中拿走比他應付的更多的錢，因此民眾一年一度的表格填寫之後，都是政府再退稅給納稅人。一般來說，納稅人會直接而且很有意識地理解所有開銷的帳單，但對稅捐就不清楚了，結果，**當政府退稅時，納稅人感覺就好像政府給的好處或禮物一樣，但它實際上是政府不當扣押民眾資金的矯正措施罷了。**就像虛擬世界的政府一樣，現實世界的政府操控了貨幣政策的時機與定位，因此一般人只能認知到這一部分，這也能讓人感到快樂。

這些從虛擬經濟注入或移出貨幣的方法，在技術上可以想像成水槽與水龍頭的概念。水龍頭負責把錢放進系統裡，還有向玩家買東西的非玩家商人、與偶爾會掉進來的戰利品，都是收入來源。水槽則負責把錢從系統裡流掉，包括拍賣場的手續費與服務費等。

虛擬貨幣政策的重點就在於，設定系統的水龍頭與水槽以維持低通膨的環境。

當虛擬貨幣系統不斷擴展，推測這件事對現實世界的貨幣有什麼意義時，就是一件很有趣的事。想像政府開始像虛擬經濟一樣運作，比如免費發行貨幣給人們使用、或是阻止銀行拿別人的保證金去借給其他人等[66]，這的確和現在的情形大不相同，但並不是不可能的事。

[66] 我把這個問題留給讀者當成思考練習，政府預算中有哪些部分可能相當於「免費的錢」。

虛擬貨幣發生恐慌時，災情會很嚴重嗎？

這一章到目前為止，我已經探討了在真實與虛擬經濟中，價格改變的衝擊，並描繪人們對經濟與管理者最根本的信心程度。現在可以好好思考一下，虛擬貨幣會如何影響所有貨幣系統的主要危險，也就是金融恐慌與崩潰的風險。就像我們見過的，某些貨幣忽然失去價值，並不是很少見的事。在現有的系統中，我們有幾個主要由政府支持的少數貨幣，因此這些風險非常小。但在虛擬貨幣系統中，這些風險會高很多。

回憶一下第二章的內容，金融恐慌起因於銀行票據，當某家銀行破產的時候，它發行的票據就失去了價值。由於其他銀行把這家銀行的票據當作資產，因此這家銀行破產也導致其他銀行資產忽然縮水。這些銀行也可能跟著倒閉，結果更多的票據失去價值。這個價值損失的現象向外延伸，每一家銀行的破產都會降低其他銀行的償債能力，結果，就像骨牌效應一樣，銀行一家跟著一家倒閉。

從心理學的角度來看，**當人們對某一個制度失去信心，也會影響別人對其他制度失去信心，結果每個人都會懷疑手上持有貨幣的價值**。在這種情況下，最聰明的做法就是，把錢轉移到看得到的資產（土地、黃金、商品）上，而且越快越好，意思就是說，這種爛貨幣要趕快脫手。這樣，看得到的資產喊價也會越來越高，如此一來，又會造成貨幣的貶值，於是人們脫手的誘因又更強了。這就會形成恐慌。每一個人都想把票據脫手，結果又因此讓票據貶值更多，並加強想要擺脫這些票據的誘因。恐慌會擴散到只剩很少或根本沒有貨幣值得信任。這將大幅降低系統中的貨幣數量，並導致經濟不景氣。

這種事可能發生在虛擬貨幣系統中嗎？是的。

情況會有多糟呢？這要看管理者如何處理資產。

毫無疑問，老派的金融恐慌可能也將會從虛擬貨幣開始。因為虛擬貨幣即使不是數千種或數百萬種，也將會有數百種，每一種都由私人公司管理，人們可以用這個虛擬貨幣來買賣東西。私人公司偶爾會破產。可以預期，在虛擬貨幣系統中，失敗率會很高。因為這種貨幣有很多，而大部分的管理者對管理貨幣並不是特別有經驗或能力。

什麼狀況下，銀行與企業會受到虛擬貨幣倒閉的牽連？

在過去，一種貨幣失敗總是會連帶影響其他貨幣一起崩潰。一個重要的問題是，當一個私人的虛擬貨幣消失時，會發生什麼事？這會對其他私人的、或政府支持的虛擬貨幣造成什麼影響？

這個問題的答案取決於其他的財務考量，比如說，依賴虛擬貨幣做為支撐營運的資產的程度。銀行會倒閉是因為，當存款戶來到櫃台想要取回自己的錢，但銀行金庫卻沒有錢給他。原因通常是，銀行借出太多錢了。

舉例來說，瓊斯在第一信託銀行抵押了一百根金條，結果銀行也借出一百根金條給史密斯；

瓊斯隔天回到銀行想要回一根金條，結果銀行沒有辦法給他。這個銀行只好倒閉收場。但如果史密斯用這些金條創業，並賺了價值二十根金條的第二信託銀行票據，並把它抵押在第一銀行，瓊斯就可以得到這些紙鈔的一部分，那麼第一銀行也不會倒閉。但是如果第二銀行倒閉，第一銀行金庫裡的紙鈔也會變得沒有價值，如果瓊斯剛好那一天到銀行想要回抵押，那第一銀行也要倒閉。只要銀行無法償付應付的款項，銀行就會倒閉。

類似的道理，如果管理其他貨幣的公司，依賴某一種虛擬貨幣來支付應付帳款，而且到達非常重大的程度，那麼，某一種虛擬貨幣的倒閉，就會導致其他虛擬貨幣跟著倒閉。尤其是接受抵押與投資的銀行，他們把虛擬貨幣拿來做為貸款或投資於其他公司，這類銀行特別脆弱。如果企業用了私人的虛擬貨幣來做為交易的部分工具，比如說，用亞馬遜幣做為借出美元的儲備金，那麼整個系統就會很脆弱。

針對這一點，當然了，沒有任何負責任的金融公司，會依賴像社群媒體公司管理的虛擬貨幣、那種問題很多的資產。如果可以這樣說，那就太好了。在二〇〇七年，人們也可能會說，沒有任何負責任的金融公司會把貸款當成資產，也就是借貸者完全用盲目的信心宣稱自己的收入、那種問題很多的資產。但如今，我們已經見識過二〇〇八年的金融風暴，也知道投資社會學會如何驅動理性的基金管理者去冒極端的風險。因此，沒有人可以保證，未來的銀行與金融業者，將會妥善評估所有牽涉到持有虛擬貨幣資產的風險。

在這裡，遇到兩種互相衝突的見解。**第一，虛擬貨幣目前並不是設計來做為出借的資金來源。**即使現實世界的金融業者會不顧危險，而過度依賴虛擬貨幣，但是虛擬貨幣的營運者本身，似乎也反對利用他們的資產，做為金融資本的來源。他們不會把虛擬貨幣外借出去。即使虛擬貨幣的擁有者，事實上就是金融業者，他們也把業務完全專注在促進轉換與交易，並不參與投資與借貸業務。如果是這樣，虛擬貨幣部門本身並沒有風險。只有外部的企業依賴這些虛擬貨幣做為資產持有的來源，才會發生風險。

第二個見解是，金融業者把虛擬貨幣做為資產持有的來源，風險並沒有比其他已經存在的、奇怪的金融商品更高。舉例來說，比起造成二〇〇八年金融崩盤的貸款信用商品，認為評估虛擬貨幣的穩定性與長期健全性比較困難，是值得懷疑的。虛擬貨幣也許不會為金融部門增加整體的風險，也許只是為各種預測提供一個活動場所。一個直接又明顯（雖然不太容易）的解決之道也和虛擬貨幣無關：讓它倒。

公司倒了，玩家的虛擬貨幣可以得到補償嗎？

說到失敗，當虛擬貨幣崩盤，虛擬商品會發生什麼事？如果虛擬貨幣是因為創造它的系統結束營業而倒閉，在虛擬世界中人們擁有的商品該怎麼辦？有人可能會主張，我在遊戲世界中的虛擬大頭菜有一些實際的經濟價值，當遊戲結束了，我有得到實體經濟中的貨幣補償的權利。目前，虛擬環境的服務條款都是要人簽約放棄這部分的權利主張，但是虛擬商品的持有規模如果增加，看看到時候會發生什麼事，是一件很有趣的事。我們可能會開始看到，虛擬商品的保險系統即將出現。

虛擬商品保險也可以保護玩家，不受虛擬世界中激烈的變化危害。目前，社群媒體與遊戲的擁有者，是這個虛擬空間的獨裁者，他們決定這個世界中任何重要的事。就像之前看到過的，他們可能會決定讓某一種貨幣變得毫無價值、也可能推出沒有用的商品與服務，或有效地損毀它們的價值。這在遊戲世界裡常常發生，比如說才剛剛發行一種新的「補丁」，然後忽然間，人們很努力要得到的配備一下子就變成次級品。價值完全被破壞了。

在現實世界中，在破產銀行的存款，某種程度受到政府的保障。在美國，有聯邦存款保險公司（Federal Deposit Insurance Corporation）在做這件事。也許有一天，會有一家聯邦虛擬價值保險公司（Federal Virtual Value Insurance Corporation）出現。

我們對虛擬貨幣的信心，是包含在我們對所有虛擬商品以及整體經濟的信心。所有的貨幣，不管是看得到的或虛擬的、政府的或私人的，都會經歷價格的通膨。有些人把持有的資產暴露在極大的金融風險中。虛擬貨幣的出現，並沒有帶來特別新的東西，更確切地說，這個世界會回到更早一點的狀態，有很多不同的貨幣與經濟體系，每一種都有自己的可靠度與價值。信心會是深思熟慮之後的產物，而如往常一樣，花招或訣竅會被用來判斷你的經濟夥伴、並決定這筆生意要不要做。

第七章

虛擬貨幣與美元，誰會取代誰？

讓真實貨幣經濟完全虛擬化的壓力，似乎已經形成了。我們可以在越來越多更容易流動的支付系統，比如信用卡和Square支付系統中，看到這種壓力。

虛擬貨幣會消失？還是會持續下去？

虛擬貨幣現在只是一個小規模的現象，它們對整體財富的全部貢獻也相當於一個小國家。這種貢獻成長得很快，但會持續下去嗎？有人認為，大部分的虛擬貨幣似乎都會消失。貨幣取決於網路效應，越多人使用，商品就越有價值。因此可以做出一個預測，規模最大的貨幣會是最有價值的，然後會消滅掉其他小規模的競爭貨幣。除了網路特性，貨幣還有其他的特徵值得注意。在今天，即使我們已經有了幾個大型、全球性的貨幣，還是可以看到小型貨幣在急速增加。為了對未來的貨幣做出預測，必須超越網路經濟，對貨幣與經濟做更廣的思考。

歸納可以有很多方法，但我們要聚焦在制度的概念。制度一開始是在政治學領域發展出來的，一個制度的形成可以被理解成一個社會互動的均勢過程。[1]

> 車子開在路的右側就是一個制度的例子。在這例子中，社會互動的主題是開車，其中的策略選擇可能是開右側，或是開左側。如果其他人都是開在路的右側，那麼開右側就很有道理。因此，開在路的右側就是在這情況下的一個均勢策略。開左側也是同樣的道理，如果每一個人都開左側，開左側就很合理。跳脫均勢的選擇就是，當別人都開左側，你卻開右側。

在某一種社會互動中，每一個人的選擇都會順應大多數人的行為而自我加強這個選擇，這就是均勢。如果選擇的模式普遍到整個社會群體，每一個人的選擇就是合理的；如果每一個人的選擇是

合理的，遍及整個群體的選擇模式也會是合理的。

在一個社會中，有很多不同的均勢狀態。也就是說，很多不同的社會互動行為，都能同步有意義地進行。所以如果每一個人都開右側，開右側就是對的，開左側的情形也是一樣。

根據同樣的思考脈絡，可以說，美國憲法是受到選民、總統、國會與高等法院互相強化的選擇所支持與認同的制度。直到今天，美國憲法仍然屹立不搖，但是，其他的法規制度，可能也可以繼續生存得很好，每一個都是國家政治事務中，某些社會互動的一種特定的制度與特定的均勢。

社會現象的制度觀點起源於賽局理論，這是在二十世紀中葉，從數學、政治學與經濟學中興起的一個領域。這是看待社會與社會變遷的一種整體的、抽象的方法。不過，它通常專注於研究促成改變（如果立法禁止開左側，就可以把開左側的制度，改成開右側的制度）的誘因與價格，但其實不必只局限於此。另一個想像社會均勢或制度變遷的方法，就是應用演化的概念。

只要受歡迎，就會持續下去

演化賽局理論認為，制度可能因為演化的壓力而改變。生存與適應的壓力，不只影響有機的生命體，同時也會影響文化實體。有機的生命體很容易受到演化的影響，是因為他們的後代會隨機改變特徵，而他們的生存環境可能會危害擁有某些特徵的後代，甚至讓他們活不下去，而其他特徵的後代則能順利開枝散葉。在人類文化中，雖然不像有機體演化的方式，但可能也有類似的特點。

想一想策略這個抽象的概念，這被理解為當特定資訊或情況出現時，做出的某種選擇。舉個有關策略的簡單例子，「如果我有口臭，我就刷牙。」策略也可以被想像成，是可以繁衍子孫的，也就是說，別人可能會模仿。孩子會模仿父母的刷牙策略（通常是不太情願的），但一個人的口腔衛生習慣也可能被同學、同事或室友採納。

在文化的變遷中，策略會從一個時期延續到下一個時期，就像有機體受制於選擇性的滅絕與茁壯。這世界會對策略做出回應，而且有時候會做出負面的回應。想見識一下嗎？試試看好幾個星期不刷牙。被周遭人群嫌惡的經驗可能會讓你改變心意，並很果斷地「抹殺」那個策略。這個經驗不只為你抹殺了不刷牙的策略，也能防止其他人採用這個策略。噁心難聞的黃板牙，就像是衛生策略的一種突變，可以殺死持有它的人。在這個特定的叢林中，這個策略絕對無法存活。能生存下去的策略，取決於它們所在的環境。[2]

從這樣的觀點來看，演化賽局理論已經為社會變遷找到一個很精煉的解釋方法。[3] 根據這個理論的主張，人們會維持同樣的策略，直到不管用為止，然後就會改變策略。**文化的變遷就是數以百萬的個人改變策略的結果。**

舉例來說，一個男人有為女人開門的習慣，這個策略在某個時期可能很好用，因為那個女人會對他微笑。但過了一段時間之後，女人們開始皺眉。這個策略帶來的社會互動經驗，變得不是那麼令人愉快。這個男人就會改變策略。他可能會變成「為每一個人開門」，或是「不為任何人開門」。或者，他可能會嘗試「為穿紅色衣服的人開門」，不管他接下來怎麼做，他會不斷累積社群回應他的經驗，並做出決定，他會保留能得到笑容的策略，並丟掉沒用的策略。經由這個過程，在態度上的微妙改變，就變成行為上的改變。

這個理論假設，人們其實並不常反省自己的選擇。我們有了習慣之後，就會照做。如果你是美國人，當你進了車子就一定會開右側，如果你是日本人就會開左側。根本想都不想，就是做了。每一個人都是這樣。因為我們通常不會遇到做相反行為的人，所以會保持習慣，而且不會反省這個習慣。那個男人在年輕的時候就養成幫女人開門的習慣，但可能要花很多年的時間看到別人皺眉，他才會理解，現在幫女人開門的行為，已經不像過去一樣受歡迎了。

喇叭牛仔褲為什麼退流行？

當我們遇到已經用別的方式做事的人的時候，改變可能會加速。也就是說，人可能會因為得到不好的反應而改變策略，但也會因為看到別人得到更好的回報而改變策略。人會模仿。

看看流行時尚的例子。在流行時尚的世界裡，你可以看到其他人正在做什麼，然後做出一個適合的選擇。但流行時尚隨時都在改變，在這個遊戲裡，如果你不改變，你就會成為輸家。那麼，人要如何跟上流行時尚？有些人花了很大的心思。他們會閱讀雜誌、看時裝秀，並且很注意名人的穿著，以及哪些東西好像看起來很夯。但大部分的人都以比較不那麼刻意的方式做出改變。他們會穿讓自己覺得舒服的衣服，直到有一天，這些鑲著假鑽的喇叭牛仔褲，感覺穿起來就是沒那麼舒服。比如說，可能會覺得穿起來「很不搭」；或是褲子已經穿到破破爛爛了，卻很難找到類似的褲子來取代，因為店面不再賣類似的褲子了。或者，你看到別人穿有一點點不一樣的褲子，覺得自己穿起來也可能很好看、很酷。於是你模仿別人穿看看，並覺得很不錯，所以你的態度也表現出來了。然後你常看到其他人也穿這種新款的褲子。最後，你就會發現自己會一直穿這種新款的褲子，於是原本的喇叭褲就漸漸地被塞在衣櫥最下面的位置了。

根據演化賽局理論，喇叭褲是選擇的受害者。在社會叢林裡，它不再適合當時的狀態，所以就死掉了。它們也不會有後代，沒有人會看見它們然後說：「哇，這看起來好酷，我也想穿這樣的衣服。」相反的，喇叭褲的變種就有很多後代，很多人看到就會想：「我想穿這種。」當一個人決定做出時尚宣言時，就是在一個社會架構中發生了突變。如果這個時尚宣言成功了，別人會模仿，於是這個流行就會蔓延開來。如果不成功，也就結束了。帶著酷炫感的新款褲子開始流行後，喇叭褲就跟恐龍走上同樣的末路了。

這個例子解釋了社會變遷如何演化。**在社會中固定下來的特點，就是它的各種制度；當每一個人回應社會當下狀態而改變選擇時，這些制度也會跟著改變。這些改變可能緩慢，也可能快速。**

一個快速改變的好例子，發生在一九八九年的東德，當時東德還是社會主義的政治體制，即使大部分人都覺得一定還有更好的制度，但因為人民的習慣，已經支持這個制度很多年，當這些人在內心集體做出改變時，社會主義的政治體制就忽然崩潰了。[4]

至於緩慢漸進的改變，可以看看西歐國家生育率降低的例子。年復一年，越來越少人生孩子。「我想要一個大家庭」的想法，不如「我不要小孩」的想法流傳得廣。當大家心態改變之後，會用不同的方式來適應這個結果，漸漸變成整個社會一起適應並改變。

如果貨幣是一種制度，也可以用這個方法來預測：虛擬貨幣會如何演化？它可能會如何改變實體經濟的制度？

貨幣的選擇是一種社會的演化

貨幣是一種在演化壓力下會繁榮或衰退的社會制度嗎？在第四章，我描述了協調賽局的概念，右側或左側開車是一個很好的例子。在協調賽局中，如果大家的選擇都互相搭配，每一個人都會做得更好[67]。貨幣就是一種協調賽局下的產物，如果其他人都把它當成是有價的，那麼我把它當成是有價值的，也是合理的。如果其他人認為它毫無價值，你這樣做也很合理。

當我們看到一種貨幣的形式在一個人群中被使用，那就是一種制度。這個特定的貨幣形式——某種標籤為「錢」的商品——就是選擇均勢的結果。某些行為者的選擇可能比較有份量。美國政府的選擇，包括宣稱美元是法定貨幣、各種財務收支都使用美元、並在特定比率上發行新的美元，當然就對美元的認知價值有很大的影響力。但這並不是故事的全部。

美元價值的均勢狀態會被每個人的決定影響，政府的確能影響，但其他每個人也有影響力[68]。

[67] 互相搭配並不意味著完全一樣，而是角度的問題。舉例來說，開右邊，是從自己的角度看。但從我的角度看你，你是開左邊。你開左邊，我開右邊，這樣就是互相搭配，對我們雙方都有好處。

[68] 其實不難想像，美國政府即使有目前的政策，美元也可能失去貨幣的價值。舉例來說，假設人們預期政府即將在一年內垮台，強制大家接受美元為法定貨幣的權力也會消失。或者，人民預期新的偽造技術讓市面上充滿無法偵測到的假美元，這種預期可能會讓美元完全沒有價值，而政府一點選擇都沒有。

這些選擇是什麼？一個選擇是，把某個東西當成是貨幣。另一個選擇是，決定每個單位的購買力。

我們可以想像，演化上的改變會發生在兩個面向。比如說，某個東西有一天是貨幣，但隔一天就不是貨幣了。美國內戰結束時，南軍的貨幣就從貨幣改成單純的紙張了。另一方面，貨幣的購買力會逐漸慢慢地改變，就像已經知道的通膨一樣。通膨就是正在發生中的演化賽局理論一個有趣的例子。當其他所有人都漲價三%，那我也漲價三%，是很合理的。在有通貨膨脹現象的經濟體系中，維持固定的價格是很不合理的。你可以從銷售中得到一樣的錢，但是這些錢的價值已經變少了。考慮到通膨的現象，每一個人都應該抬高價格。這就像開右側一樣，是一種自我加強的策略。通膨率可以被視為是一場貨幣多快流失價值的協調賽局的結果。

這讓人回想到協調賽局最重要的一個特點，也就是期待的功能。我在第六章提到，**貨幣是很敏感的，因為它的價值是根據對其他人的行為的期待。期待只是一種心理狀態，而心理狀態是會因為某些理由，或根本沒有理由就隨時改變的。**

期待也可能被信號或歷史影響，就像右側開車的例子一樣。即使你今天要開始開左側，所有的交通號誌與和別人的溝通，都會逼你改回去。而且，考慮到美國開右側的歷史，你一開始就不可能會想開左側。沒有人會哪一天醒來忽然說：「嘿嘿，我今天要試著開在路的左側，做個改變，看看會發生什麼事。」歷史與先前的經驗都給了清楚的訊號：「沒有人這樣做，這是個爛點子。」

在貨幣方面，信號顯示在很多事情上，就像每一美元上的宣示：「這張紙幣是合法貨幣」。這就是說：「你正在拿的是貨幣，不只是一張紙。」政府的命令是非常強有力的。它的宣告能把紙變成貨幣，不是因為警察會追捕把美元當成紙張的人，而是因為這個宣告本身改變了這個經濟體系會如何期待美元的價值。

歷史因素也很重要，如果某商品已有很長一段時間被當成貨幣，它的貨幣角色也會慢慢地被認定。只要我們期待貨幣是有價值的，貨幣就會有價值。這是在一個龐大的協調賽局中的均勢狀態。

剪刀、石頭、布的演化故事——社會決定用哪一種貨幣，是一種漸進的改變

接著我們來討論貨幣是一種制度的定義，以及演化賽局理論如何幫我們理解它的改變。根據演化賽局理論，當人們改變策略的時候，制度就會發生變化。有時候是因為基於別人的回應讓他們改變心態，但有時候是因為他們觀察別人的行為並改變自己的行為。**只要人們偶爾反省或觀察彼此，策略就可能會改變，和這相關的制度也會因此改變。**

在貨幣的例子上，當人們對貨幣價值的期待改變時，貨幣本身就會跟著改變。在尋找貨幣變化的徵兆時，我們應該看看初期的歷史，以及可能改變人們對貨幣的意義與用途的期待的新信號。我可以想像兩種可能發生的方式，一個是漸進的，一個是突然的。

漸進的改變可以想像成是一種文化入侵。一種新的行為方式隨機地大量出現在某個地方，然後就像傳染病一樣散布開來。一開始只有幾個細胞，但細菌再生的速度比身體消滅它的速度更快。感染會繼續下去，直到身體可以逆轉這個情勢，或是細菌把身體殺掉。一樣的方式，一群人可能發展出一種做事的新方法，而他們的行為可能會引起其他人做一樣的事。如果轉向新方法的速度超過轉

回舊方法的速度，這種新方法就會在這個人口族群中成長。這種情況會繼續下去，直到新方法遇到阻礙，比如出現了相對的其他方法；或者新方法完全被這群人接受了。

這種動態現象有個很好的例子，就是剪刀石頭布遊戲。想像一個社會，每個人總是選擇「石頭」策略，結果每個人每次都會打成平手。假設有一個人決定要改變，他試著出「剪刀」。這個人馬上就會學到，這可不是個好主意，因為他的剪刀被石頭打敗了，所以就輸了。他就回頭出石頭。

假設另外一個人選擇「布」，這個人就成功了，他的布贏了石頭，不像別人老是平手，他可是贏了。當然啦！他會告訴其他人，別人也會看到他贏了，他們就會想：「我也應該試試出『布』才對！」接著就這樣做了。因為這個族群的大部分人還是出石頭，所以改變的人都贏了，於是「布是個好策略」的想法就會繼續散布出去。出布的人口會增加。當這些出布的人增加之後，出石頭就不太合理了。如果九八%的人口都是出布，石頭就保證會輸。一旦布成為最新的行為基準，理性的人就會從石頭改成布，直到每一個人都出布。

因此，布可能在一開始是某個人的小小創新，然後逐漸壯大成為每一個人應用的策略。當然了，只要布成為主導，變成剪刀的小小創新就會開始茁壯。最後，剪刀主導的局面又會帶回到石頭策略。換句話說，這個系統是不斷循環的。

要理解過去最重要的貨幣演變案例，漸進入侵模式是最好的方式。

回顧一下格雷欣法則：「劣幣驅逐良幣」。這是他對亨利八世政策的評論。亨利八世當時收回純銀的先令硬幣，然後把這些先令的白銀成分降低了四〇%，並用其他較不貴重的金屬來取代。亨利發行的新硬幣仍然叫「一先令」，但已經不再擁有一先令的白銀。它們就是「劣」幣，它本身組成的物資價值比它的面額更低。然而，當時還有「良」幣在流通，就是上面寫著「一先令」而且確實是由一先令的白銀鑄成的硬幣。

但根據法令，所有商家都必須接受任何材質的一先令。先令是這個國家的硬幣，也必須被當成付款工具。它就是法定貨幣，就像今天的美元紙鈔一樣。在這種情況下，沒有人必須用良幣去買任何東西。假設我有兩個硬幣，一個是純銀的，一個是半銀的。每一個都重兩盎司（按：一盎司約三十一公克）。我可以用任何一個去買一頭牛。如果我用了良幣，我買到一頭牛，失去兩盎司的白銀。如果我用劣幣去買，我買到一頭牛，失去一盎司的白銀。很明顯的，用劣幣是最好的方法。

如果兩種不同形式的貨幣，在法律的強制規定下，擁有同樣的交易價值，格雷欣的推論就是，商品價值較少的那一個，就會被普遍用來交易，而另外一個就會從流通市場中消失。這就是劣幣驅逐良幣。

我們對這件事情的發展過程很感興趣，**劣幣驅逐良幣其實是透過每一個行動者的選擇、在一種緩慢、漸進且自發的狀態下發生的**。純銀先令硬幣的消失，在十六世紀的英國是可以被察覺到的，只是非常的緩慢。手上有硬幣的人直接就把良幣保留下來，市場上被用來交易的硬幣慢慢地就只剩下貶值的硬幣。個人要用哪一種硬幣的決定，導致整個英國在市場上流通貨幣的重大改變。

常客飛行里程數，為什麼算是良幣？

今天，如果用格雷欣法則的角度來看，有些虛擬貨幣就是良幣，有些就是劣幣。

首先，所有政府支持的貨幣都是劣幣，因為它們不只是被貶值的，還被貶值了一〇〇%。所有政府貨幣都是靠法律支撐的貨幣，而法定貨幣本身絲毫沒有商品價值。

亮閃閃的硬幣本身沒有一點白銀的成分，紙鈔也沒有任何價值。有很長一段時間，這些代幣可以被用來交換看得到的商品，尤其是黃金，所以從格雷欣的角度來看，它們可能是「良幣」。但在一九七一年，所有國家都拋棄了金本位，留給我們一個充滿官方貨幣的世界，而那全部都是「劣幣」。

比較起來，有些虛擬貨幣看起來還比較像「良幣」，常客飛行里程數就是一個例子。大概運作的方式可能是，推出常客飛行里程數計畫的航空公司都準備好，在一個固定的費用下，這些里程數可以用來交換看得到的服務、或一次航程。因此，常客飛行里程數就有現實中的商品價值。

另外，也有「準良幣」的例子。臉書支付系統的貨幣，可以以七十美分對一美元的比率，用來和臉書交換。很顯然，這個貨幣是由美元支持。但既然美元本身就是劣幣，又怎麼支持臉書幣？

另一個準良幣的例子來自遊戲。遊戲公司都會發行金幣，然後會把商家放進虛擬世界中，並準備接受任何數量的金幣，讓玩家購買虛擬商品。

舉例來說，我目前正在玩的一款遊戲，讓我可以用我在這個虛擬世界中贏得的金幣，去為我的分身買靴子。我可以買無限量的靴子。因為這些靴子是有用途的，所以這些金幣擁有一些商品價值，那我可以說，這些金幣是良幣嗎？靴子的確是商品，即使它是虛擬的，它們還是對使用者提供了一些服務。遊戲貨幣與靴子的交換是固定的，但不是由市場力量決定，而是由遊戲公司設定的。當然偶爾會改變，但只會經由開發者做出清楚的政策決定，才會改變。那麼，虛擬商品被遊戲裡的商家賣掉，可以被視為貨幣的支撐嗎？

在知名星戰遊戲《星戰前夜》中，玩家可以用金幣去買這個遊戲的訂閱時間。因為有一個月訂閱時間的商品價值，那麼這個虛擬貨幣就因此成為良幣了嗎？

另外，發行虛擬金幣的遊戲公司，允許玩家用這些錢向遊戲公司購買虛擬商品。因此，真正的虛擬劣幣只有政府支持的貨幣，政府發行這種貨幣，卻沒有任何收回的承諾[69]。

因此根據格雷欣法則，如果**像美元這樣的劣幣（因為本身沒有承諾的價值），與像遊戲金幣、常客飛行里程數這類良幣（有附帶的價值）之間，有固定的交換比率，就會看到美元幾乎取代虛擬貨幣被用來交易，因為，人們會想要存下虛擬貨幣，只拿劣幣去交易。**

[69] 反過來說，政府也只接受這種貨幣做為支付工具。或許，間接來說，政府是藉著接受它做為支付工具，而讓它變成良幣。很難決定到底是什麼在支持暫時政府的法定貨幣，但我的意見是，如果政府貨幣與價值的關係很難看出來，那價值也就不如重金屬貨幣來得實在了。

用美元買遊戲貨幣，也是一種劣幣驅逐良幣？

這種現象已經出現幾個例子了。在線上遊戲中，很常見到一種情形，第三方商業公司會對玩家的遊戲角色提供提升戰力等級的服務。玩家把自己的遊戲帳號資訊提供給這家公司，這家公司會收取一筆費用，並雇用員工把這個玩家的遊戲角色的戰力從第一級養到第五十級，或任何最高等級的層次，然後再把這個角色歸還給玩家。

這筆費用通常被要求以美元，或日圓、歐元支付，而不是遊戲貨幣。這是很可能發生的事，因為想要提升戰力的玩家，可能沒有很多遊戲貨幣；或者現實世界的貨幣還可以用來買更多東西。

從另一個角度來看，在提升戰力很頻繁的遊戲裡，也有很多玩家在隱藏的市場中，用遊戲貨幣去交換政府支持的貨幣。換句話說，遊戲貨幣完全是具有流動性的，而且可以很容易地被轉換成美元，或任何想要的現實世界發行的貨幣。此外，被公司雇來提升戰力的人，本身當然就是這些遊戲的玩家，你可以想像，他們可能會樂意接受遊戲貨幣當作工資，因為很明顯的，這些遊戲貨幣也可以買很多他們想要的東西。

不過，戰力提供公司的運作，完全是以真實貨幣來付款。這不禁讓人納悶，其中部分原因是不是因為，現實世界的貨幣本身就是劣幣。遊戲貨幣是由遊戲中的商品來支持，你永遠可以用一個固定不變的比率，用它去交易商品，從這個意義上來看，這就是良幣。然而，市場還是偏好美元。

在虛擬經濟中，偏好劣幣還有其他的證據。暴雪娛樂公司推出的《暗黑破壞神III》（Blizzard Entertainment's Diablo III），讓玩家可以經由拍賣場交易虛擬商品。這很常見。不尋常的是，暗黑遊戲允許交易者在一個特別的真實貨幣拍賣場（Real Money Auction House）使用美元、歐元和日圓。這個遊戲本身也有貨幣，就是金幣，可以在這遊戲裡面買東西。但在這裡，開發者與玩家有一個選擇，可以選擇用劣幣來交易，而不是用良幣。

就像前面說的，真實貨幣經濟規模大多了，而美元的購買力也大多了，問題就變得令人困惑了。既然遊戲貨幣可以在第三方市場很容易地被轉換成美元，如果不是因為劣幣驅逐良幣，那為什麼要把美元引進遊戲？

真實貨幣拍賣場要獲得最終的成功，取決於數百萬個別玩家的策略決定。如果它會成長，也會隨著玩家決定要去哪裡交易、要用哪一種貨幣，而慢慢地成長。這就是一種微型入侵現象，從一種貨幣制度變成另一種貨幣制度的漸進轉變。

在遊戲裡，貨幣設計不良會被玩家版本取代

關於貨幣發生漸進變化，遊戲與社群媒體提供了很多其他例子。遊戲貨幣可能因為一個設計上的缺陷完全貶值，然後慢慢地經由玩家的行動被取代掉。這在角色扮演遊戲《艾許隆的召喚》（Asheron's Call，另一譯名為《亞瑟隆的呼喚》）中，就發生過好幾次。

《艾許隆的召喚》的官方貨幣是pyreal，但因為一個不幸的設計，玩家很容易就能把pyreal「推磨」（grinding）到手。當玩家不是真正在玩遊戲，而是專心在取得某個特定商品時，就是在「推磨」。在推磨模式中的玩家會在遊戲中尋找某些地點，可以讓他用最高的比例取得特定想要的商

品。然後他就會待在那裡不斷重複地做任何能取得資源的動作。

比方說，假設玩家知道，他們從某種特定恐龍身上取得的智慧碎片寶物，價值比其他東西多一%，而且沒有數量的限制。玩家就有誘因去找出哪裡可以得到智慧碎片，並且會用最有效的方式取得他們。如果只有在香格里拉山谷做到僧侶要求的任務，才能得到智慧碎片，你就會一而再、再而三地發現，有一大票玩家會爬上香格里拉做那件事。

這個行為通常不是開發者想要的，僧侶的任務可能原本只是設計成一次的冒險行動而已。但是因為沒有對遊戲規則設限，開發者在不知不覺中創造了一個系統，玩家只要做到僧侶要求的任務，就能無止盡地得到報酬。因此你就會看到玩家開始不斷地推磨。他們實際上不是在執行僧侶的任務，只是在做任何必須要做的事以取得智慧碎片。

在《艾許隆的召喚》中，可以用pyreal向系統或向其他玩家買東西。pyreal也很不可思議地容易經由推磨來取得。比如說，發現一隻怪物的蛋，殺了這隻怪物，拿到它攜帶的pyreal，然後等待另一隻怪物產卵，再重複做一樣的事。這個方法在很多遊戲與社群媒體環境中都很常見，但在《艾許隆的召喚》中，水龍頭開得實在太大了，pyreal像洪水一樣湧進市場。如果你看到一個很貴的東西要賣，你只要花一到兩個小時推磨到pyreal，就可以買到。

通膨不可避免地尾隨而來，結果拍賣場的所有價格全部無法控制地飆高。當他們漲價，推磨金錢的誘因也跟著提高。因為你必須推磨到足夠的pyreal，才能去付離譜的高價。很快的，每一個玩家就會做很多推磨的事。因為推磨很無聊，第三方公司就派出專業的推磨專家，又稱為「金幣農夫」，去推磨pyreal，然後把他們賣給玩家，並收取真實的貨幣。玩家加上專家都在推磨，流進系統的貨幣就像尼加拉瓜瀑布的水一樣。

就像現實世界貨幣主管機關通常會做的，開發者以貨幣改革來因應。他們引進pyreal票據，上面寫著巨大的面額。但他們還是沒有關緊水龍頭，很快地，這些新的票據當然就變得跟原來的pyreal一樣沒有價值。

當物品的價格也和pyreal一樣一飛衝天的時候，用pyreal來交易也越來越麻煩了。在不是開發者的計畫與投入下，出現了一種新的貨幣，叫做強鐵鑰匙（Sturdy Iron Key）。所有玩家都需要強鐵鑰匙來打開虛擬世界的東西，而且強鐵鑰匙的數量比pyreal少。在重量與可分割性上，它們有很吸引人的特性。玩家就開始要求要用強鐵鑰匙交易，而不是官方貨幣。

很不幸的是，《艾許隆的召喚》的基本設計就是，任何東西都能被很有效率地推磨出來，所以，一旦強鐵鑰匙變成現狀中的貨幣，它就開始貶值，因為洪水般的強鐵鑰匙又出現了。接著玩家慢慢轉移到一種新的貨幣——甲蟲寶石（Scarab），故事又重演一次。新貨幣的出現與再出現，完全是一種漸進式文化變遷的現象。某個人決定要用新貨幣做交易，這個策略就會在這個族群中擴散，直到每一個人都這樣做。

突然的改變，通常是法令要求

有些時候，制度也會一夜之間改變。好幾個世紀以來，瑞典人開車都是開左側。但和整個歐洲大陸不同步是很痛苦的事，於是一九五五年，瑞典進行了一次公民投票，八三%對一五%，開左側的原來意見贏了。[5]但是到了一九六三年，瑞典國會表決要改成開右側，於是這個國家在一九六七年的九月三日開始實施開右側政策。這個改變需要大量的公關活動讓大眾知道。幸好，只發生了一百五十次無人死亡的車禍。變更開車方向是一種不能讓它慢慢發生的制度變革。任何人想要「創新」，幾分鐘內就會發生車禍。每一個人都必須立刻改變，或者每一個人都不要改。

這種考慮也會影響貨幣的變革。當德國在一九九〇年統一的時候，前東德的舊馬克一夜之間就被廢棄。類似的道理，當社群媒體推出它的貨幣時，這個平臺的貨幣系統就會發生一次突然的改變。當亞馬遜網站推出亞馬遜幣時，一個新的貨幣系統就立刻形成了。

在貨幣系統裡，突然的改變需要每一個人同時立刻改變。革命也有類似的動能。改變的壓力不斷累積，但沒有人做任何事。然後忽然間，事情就發生了——一個新政、一個信號、一次大聲疾呼，然後每個人都改變了。

漸進或巨變，哪一種是虛擬貨幣的可能未來？

在虛擬貨幣演化中，有沒有小型策略入侵的跡象，或是大規模改變的壓力？當然有漸進式改變的跡象。新的貨幣形式被發明出來，而且也被用在小規模的範圍。有些貨幣似乎在他們被設計的任務上表現得很好，因此也被模仿了。我們可以在《網路創世紀》的金幣、《魔獸世界》的金幣、臉書幣、與亞馬遜幣上，看到清楚的一系列演化的文化變遷現象。虛擬貨幣的操作方式，似乎很容易入侵其他領域。

另外，在同一個時間，也有一些入侵行為已經進入其他方向。就像我們看到《暗黑破壞神III》中以美元為基礎的拍賣場。政府支持的貨幣在很多用途上，都比設計出來的骨董貨幣好。也許政府貨幣應用的領域會擴張，也許美元會接收很多骨董貨幣有用的特性，就能入侵虛擬經濟。

其他貨幣既不是骨董貨幣也不是政府貨幣，例如比特幣並不是一個利基貨幣，也沒有享受到政府支持的好處，它的優點是有限的能見度。比特幣不明顯的交易特徵，會助長它的漸進擴散嗎？

在今天，哪一種貨幣形式應該享有大家最大的信心？我們信任誰？在這個不確定的世界，選擇一個地窖，然後妥善藏好一個人擁有的購買力，是一件很艱難的決定。**信心可能會從某種貨幣或資產，轉移到另一種。我們沒有理由相信，虛擬貨幣能對這種信心轉移現象免疫。所以，人們現在使用的各種貨幣，可能會發生很多漸進的轉移。**

這個問題不只是和保存貨幣的信心有關，也和賺錢與花錢有關。如果你即將收到一筆應付款，你想要怎麼收？你會去哪裡買你需要的東西？人們可以在公園、在電話中或在臉書上和人聊天，進行社交活動。公園、電話與臉書的經濟價值也因此受到這些決定所影響。貨幣也是一樣。如果一個平臺主辦了很熱鬧的活動，它的貨幣就會很有價值。如果沒有人去那裡，它的貨幣就會一文不值。**如果人們持續把更多時間轉移到網際網路，遠離實體的人際互動，虛擬貨幣就會慢慢地變得更有價值，而現實世界的貨幣就會逐漸黯淡無光。**

另外，大量的小型貨幣在它們之間，也產生了價值轉移的壓力。以臉書為例，這種壓力刺激了後臺數位價值移轉系統的誕生。**我們可能會從有很多小型的獨立虛擬貨幣，走到可轉換的貨幣生態系統，然後從那裡，再走到全球的虛擬轉換系統。**

漸進的改變非常多，忽然的改變也是可能的。我們不只看到小型創新與漸進模仿的信號，也看到壓力累積的徵兆。虛擬商品的法律地位就是一個壓力點。我們目前的財富是基於兩種貨幣系統，虛擬經濟有一種內部的貨幣，然後還有一種貨幣可以和美元進行單向的交易。這是一件很麻煩的事，可能也無法持續下去，但只要法律與政策問題，比如虛擬經濟到底是什麼、虛擬經濟應該如何被對待，這些問題仍然存在，它就可能維持目前常見的狀態。

暴雪娛樂公司選擇把它以美元為基礎的拍賣場，命名為真實貨幣拍賣場，實在是一件非常令人拍案叫絕的事，如此一來就暗示了，在遊戲裡的貨幣並不是真的。企業與個人似乎都非常依賴難以捉摸的策略與含蓄的信號，好像就是要等著發現政府對虛擬經濟的真正想法。當政府下定決心，虛擬貨幣可能就會有快速的變化。當虛擬世界的法律與政策狀態終於被建立，在很多政府或非政府的經濟體系裡，可能就會發生一次忽然的改變。

讓真實貨幣經濟完全虛擬化的壓力，似乎也已經形成了。我們可以在越來越多更容易流動的支付系統，比如信用卡和Square[70]支付系統中，看到這種壓力。現金正在消失中。

然而，真實貨幣要變成完全虛擬的，將需要一次重大的政策改革。政府貨幣會忽然不再被視為一種商品，而是一種虛擬物件或代幣，讓政府在進行財政支出時使用。這將是一個在意識上的重大改變，而且完全就像革命一樣，真的。

[70] 編按：Square是一個電子現金支付系統，用戶可以用手機在Square設備上刷卡或者手動輸入細節使用信用卡，目前只在美國、加拿大及日本可以使用。

哪裡是真實與虛擬的邊界？

最後，我們必須質疑一個共同的信念：在虛擬環境中產生的制度，將維持在虛擬狀態。我們可以很欣慰地這樣假設，一定有一些自然或技術上的理由，讓虛擬世界中的制度，不會也無法影響超出邊界之外的任何事情。畢竟，一場籃球賽不會對日常生活造成太大的影響，有很多自然與技術上的理由，可以讓籃球場上產生的行為與情緒就留在球場上。虛擬世界裡發生的事件也會留在遊戲裡。如果我不擔心籃球制度會入侵到我的日常生活，為什麼我應該擔心線上遊戲的制度會發生這樣的事呢？

但你應該要預測這種改變的可能性，主要是因為線上遊戲和社群媒體平臺並不完全跟「遊戲」是一樣的意思。終身保留、持續不斷的互動式社群媒體，其實就是社交的世界。它們是一個小型社會，有時候是大型社會。制度能從一個社會擴散到另一個社會嗎？絕對能。制度的改變理論就決定於策略從一個人到另一個人的轉換上。只要人們越過邊界進行溝通，這些邊界其實就不重要了。真實與虛擬的邊界，其實對行為一點影響都沒有。

任何對這個現象有興趣的人都必須理解，在虛擬與真實之間，並沒有自然或技術上的邊界。金幣與美元之間，並沒有重大的不同。在線上遊戲的一群人與在公司裡的工作團隊之間，也沒有自然與技術上的差異。當然會有所不同，但他們都是具有社交功能的、牽涉到約定俗成的常規、目標、理解與期待。這些都不是被自然世界中的任何東西或任何技術限制，而強加在人們身上的。做為社交用途，其中的差異完全是受到社會變遷的影響。

沒有任何邊界可以阻止在虛擬經濟中的做法入侵或改變實體經濟的相關做法。如果認為在遊戲、社交媒體與線上市場發生的經濟模式，自然會被限制在那裡，是不太合理的想法。如果認為社群媒體經濟不會提供可能會改變實體經濟行為者的行動示範或宣言，這樣想就太愚蠢了。

制度上的改變會發生，就是因為人們可以觀察彼此的行為，並溝通彼此的經驗。

遊戲與社群媒體經濟很明顯的是可以觀察的，在這個環境中的人也會彼此溝通經驗，而且不只是和朋友組成的小圈圈溝通。每一個處在遊戲經濟與社群媒體經濟的人，也處在實體經濟裡。他只要觀察自己、和自己溝通，就能影響現實世界中的經濟行為。沒有自然或技術上的邊界可以將這兩個經濟體系分隔開來。制度的改變，一定會發生，即使改變的源頭是來自「虛擬」或「線上」，而且沒有任何東西可以阻止它。

制度會在壓力下改變。我們也許無法精確地知道，貨幣制度會發生什麼樣的改變，但可以這樣說：有時候改變會慢慢地發生，像雪球；但有時候會馬上爆發，像火山一樣。

第八章

政府如何面對虛擬世界的美好與邪惡？

在一個經濟活動快速滑進虛擬世界，且很多政策持續下去的可能性也有疑問的世界裡，遊戲世界可以給政府很多啟發。

洗錢、逃稅、惡搞對手，警察可能追查不到

政府應該如何面對虛擬貨幣呢？目前歐元引起的強烈反彈顯示，單一的統一貨幣不必然是人類貨幣系統的最佳與最終狀態。我們很明顯地正要進入一個新的紀元，很多貨幣會被整合進入數位價值移轉系統。數位價值移轉系統在模糊的法律規範環境中誕生，對政策至少牽涉到三種意涵。第一，虛擬貨幣將會影響目前的政府職權，例如犯罪防治的領域；第二，虛擬貨幣會直接影響政府施政的能力；第三，它也為政府的施政方針打開了新的可能性。

政策制定者應該認知到虛擬貨幣的存在，以及虛擬貨幣將在以下幾個領域變得非常重要。現在擁有的**單一貨幣系統的好處就是，政府有能力觀察、並在某種程度上控制經濟交易活動。**這種力量直接決定了政府的執法能力。因為很多犯罪行為都會留下貨幣的痕跡，政府就能觀察這些交易，並循線追蹤到犯罪行為、成功逮捕罪犯。

在虛擬貨幣的世界，這種觀察的能力可能會大大地減弱。在第五章討論到一種軍備競賽的可能性，虛擬貨幣的快速產生，持續增加了廣度與複雜度，政府的監控科技只能企圖盡快跟上。很難想像，政府會完全贏得這場競賽，做到讓所有交易都無法躲藏。如果政府的監控能力能做到這種程度，政府或任何想觀察的人，都能觀察到絕大多數的交易行為。

從純粹的技術觀點來看，現在知道，線上隱私並不是一種原則，而是一種例外。[1] 原則上，任

何東西都是能被觀察與記錄的。**虛擬貨幣世界如果有隱私的存在，是因為社會常規、作業規範與法律要求，而不是因為技術上無法觀察。**你永遠可以把某個東西暫時隱藏起來，但要永遠藏起來是越來越困難了。另外，做了什麼和記錄什麼之間，也永遠會有一個缺口。

在那個缺口中，就存在著犯罪機會：

虛擬貨幣扮演的關鍵角色可能會是洗錢，就是把不法利益轉移到來自正當生意的合法資產上。虛擬洗錢的可能性已經引起學者的注意，在我寫這本書的同時，美國的第一套相關法規也已經頒布。[2]畢竟，虛擬洗錢是很容易做到的事，舉例來說，你向一個可能謀害親人的女繼承人敲詐，從她身上拿到兩千萬美元現金。在這些紙鈔上的連續號碼，讓人可以得知，這些錢是從她的戶頭來的。如果她去找警察報案，警察就可以透過這些錢找到你。現在有了虛擬貨幣，逃避警察追緝就很簡單了。你可以用這些紙鈔到社群媒體買到兩千萬美元等值的面額，然後再把這些面額以兩千萬美元賣給玩家。當然了，你做這些事情的時候都是匿名的，而且確認要用一種配得上虛擬貨幣名稱的虛擬貨幣：新奇、無法被追蹤、可能一個月左右就消失。這個過程完成之後，你的錢就是乾淨的了，而且美國地方檢察官也沒有辦法用你的戶頭查到你和這位女繼承人的關係。

使用虛擬貨幣的犯罪行為還可能牽涉到非法商品的交易，就像毒品、色情影片與軍火等。的確，瞬間來去無蹤的虛擬貨幣很少留下痕跡。「是的，警察先生，的確有三百萬美元匯到我的戶頭裡，但那是我賣掉我最喜歡的遊戲金幣得來的，絕對不是因為地對空飛彈啦。」

如果有人想要逃避稅捐與法令監督，虛擬貨幣也可能扮演重要的角色，這個用法沒有賣軍火那麼刺激，但事情最後可能會更嚴重。在不同的資產之間轉移財產，是查帳員和生意人經常在玩的貓捉老鼠遊戲。在這個遊戲中，虛擬貨幣對生意人比較有好處，因為有更多地方可以藏，也有更多方法可以作假。有時候，這些花招可能會踰越法律的界線。也許很快地，有一天，某個企業大老闆會被關到監獄，因為他沒辦法正確報告某個虛擬貨幣的真正價值。

詐騙是虛擬貨幣可能牽涉到的另一個領域。遊戲貨幣已經成為重大詐欺與騙局的目標。虛擬貨幣詐騙事件很有意思，但不是因為它們的範圍很大，也不是因為它們和現實世界的詐騙有根本上的差異，而是它們印證「傻瓜存不住錢」這句古老智慧的方式。

最後，虛擬貨幣本身也可能是一種武器。在影子經濟裡，臨時出現的貨幣會很常見，因此用虛擬貨幣來安排與部署武力，可能會更常發生。如果你希望擁有一個殭屍電腦網路[71]——一連串被駭到的電腦，用來中斷別人的電腦——來攻擊你討厭的國家，你可以在殭屍電腦上散布虛擬貨幣，然後讓這些電腦繼續匿名轉寄給其他人，實在沒有比這更好的方法了。而且越是快要消失的、無法追蹤的貨幣越好。還有一個非常惡劣的手段就是，你可以等到對手的資產和某種虛擬貨幣關係非常緊密的時候，利用駭客的技術暗中侵蝕或搞破壞。未來會像過去一樣，貨幣是戰爭的一大因素，虛擬貨幣也不例外。

國家缺錢時，可以扣押虛擬貨幣嗎？

我在第四章提到法定貨幣的歷史因素，是因為政府在緊急時期需要有足夠的購買力。政府必須要能夠印鈔票，然後用它來買東西。這個原則沿襲到今天，讓政府能印出任何它想要的貨幣數量，並希望私部門都能接受這種貨幣做為付款的形式。

非政府單位的行為者也可能生產任何它想要的貨幣數量，但是它們沒有國家權力來迫使人們接受這些貨幣就代表那些面值。從長遠來看，其實政府也沒有辦法。印鈔票並強迫經濟體系使用它，因為最終會引起物價上漲，即使政府堅持大家要接受它發行的鈔票，也沒辦法控制物價，除非它掌控了所有私人的經濟活動。因此，對政府與私人來說，發行貨幣都是有限制的，發行的貨幣數量越多，每一單位的購買力就會減弱。

同樣的道理，對於政府發行的虛擬貨幣和私部門的虛擬貨幣之間的交易比率，政府也沒辦法真正控制。有一天，社群媒體網路的私人貨幣與銀行的信用卡，可能會比政府支持的貨幣更值得信任。一個特別不負責任的政府，或是擁有不適合或腐化的貨幣政策的政府，可能會看到自己發行的貨幣相對於私人貨幣失去更多價值。

這會引起一個棘手的問題：按照它在緊急時刻對購買力的需求，政府是否有權力拿走私人的虛擬貨幣？想像一下可能會有那麼一天，政府的虛擬貨幣貶值太多，以至於負擔不起必要的服務，如果政府要扣押虛擬貨幣，虛擬貨幣能得到保護嗎？

71 譯者注：殭屍電腦網路（botnet）是指一連串被感染的電腦在用戶不知情的狀況下，被用來傳送威脅攻擊其他人的封包，像是垃圾郵件攻擊或是分散式阻斷服務攻擊。

容易逃稅？我發誓，我不知道這個要報稅！

此外，我們已經看到，**虛擬貨幣很可能會影響整體金融體系的健全**。有關虛擬貨幣金融法規的適當層級與管理方法，正在熱烈地爭論著。畢竟也很難預想，在未來，虛擬貨幣可以完全逃避法律的規範。當它們變成金融公司部分的資產到某一個程度時，它們就要受到會計與報告標準作業的規範。對於由虛擬貨幣形成的金融商品，也可能會有一些限制。

各國政府已經採取行動限制虛擬貨幣的成長。舉例來說，在中國發行的線上遊戲貨幣ＱＱ幣，已經被中國政府下令禁止，因為它已經變得太像正常的貨幣。[3]各國的中央銀行被賦予職權，去確保國家金融體系的穩定與健全。這可能會為廣泛干預虛擬貨幣體系的協調行動，帶來正當性。

另外，虛擬市場也可能為發展中國家的人民提供收入的機會。[4]虛擬貨幣打破了後工業國家有錢人雇用南半球居民來從事小任務的邊界。即使是一小群從北半球到南半球的人力需求，也會大幅改善他們的生活條件。當然，必須要有某種網際網路的環境，大幅成長的智慧型手機在這個方向上就可以派上用場。

除了個別的金融議題以外，對政府的整體權力有一個更廣泛的意義。在虛擬貨幣的世界裡，政府可能很難徵收到能讓政府有效運作的稅收。因為虛擬貨幣如果能讓企業逃避監管與控制，它們也可以逃稅。

在今天，政府的稅收高度仰賴人民自願性的順從行為。在政府的規定下，特定的人有責任看到稅款被確實地繳納。例如雇主會收所得稅，零售商則收營業稅。記住，政府是基於自己觀察與控制的能力來選擇收稅的對象。零售商的數量大大少於去零售店買東西的人，因此，從零售商身上收稅比較容易。零售商也被告知，收稅並提交給政府是它們的工作，於是大體上來說，它們就這樣做了。雇主則從員工身上收稅，然後員工一般來說也都是自願填寫退稅資料。[5]會知道繳稅是自願的，是基於一個簡單的事實，因為政府查帳的費用相對於牽涉到的稅金，是相當低的。被政府抓到沒乖乖繳稅，機率其實非常低，但是，人們仍然願意遵守。

如果他們不遵守呢？我的意思不是說，虛擬貨幣會讓每一個人從事逃稅行為。但是，有些**虛擬交易行為要不要付稅，並不是很明顯，而這些交易機會可能會增加。**

比如說，有些虛擬貨幣會在大型的公開市場如eBay上交易，在eBay，賣家一般都知道，他們的銷售所得必須提報為收入。但其他的交易很可能會被認為（至少被這些參與的人認為）只是鄰居之間互借東西，而不是正式的經濟交易。

但其實，如果你拿鋸子和鄰居交換籬笆剪，你就有稅務的問題了，在美國，你必須填寫1099-B表格（Form 1099-B），也就是要申報仲介與易貨貿易的收入。你可能不知道這個表格，美國國稅局也可能不會針對這個找你麻煩。但如果你和鄰居決定要交換房子，國稅局公務員可能就會寫下紀錄。更具體一點來說，房地產仲介商會知道、你往來的律師會知道，他們為了保全自己，一定會堅持這筆交易必須對政府妥善地申報。稅就產生了。

什麼規模的虛擬貨幣交易，比較不像鋸子換籬笆剪，而比較像交換房子呢？當然，交易的金額大小是一個很明顯的標誌。但是虛擬經濟可以轉化成數以百萬筆的小型交易，每一筆都小到無法被注意到，而且因為參與者不關心也從來沒有申報，這些交易加總起來，可以形成重大層級的經濟活動。如果是這種情形，這就代表了國家收入的重大損失。

重點是，難以捉摸的虛擬貨幣能夠避開政府的觀察，不是因為有些人故意要隱藏他們的交易行為，單純只是因為大量的貨幣與快速來去的特性，讓他們沒有了解到，他們正在從事的行為是要報稅的。如果你沒告訴我，我去手工商品店Hobby Lobby買東西就要付營業稅，我是不會付的，不是因為我喜歡違法，而是因為我就是不會想到，買一朵塑膠花就會產生稅務責任。類似的道理，很多經濟交易活動可能都不會讓人意識到稅務責任，即使政府堅持這些都是要納稅的。

對政府來說，在經濟上出現的第二個挑戰是，網際網路是國際性的。對遊戲與社群媒體管理者來說，擁有大量的國際客戶是很普通的事。我們已經發現，不同國家的法院對於虛擬商品做出不同的判決，如果某個國家對虛擬資產採用了某種稅務上的處置，這個處置必須要和這個國家的使用者溝通，並在這群人身上執行法律，而不是其他任何人。你可以想像那些免稅天堂國家，並好好討論一下在境內的基金為什麼必須轉到境外去了。

虛擬貨幣犯罪或逃稅，政府很難抓到主謀

長遠來看，更大的問題是，政府將沒有溝通對象了。在今天，大部分的遊戲與社群媒體應用程式，都有一個營運中心來運作所有事務。政府可以靠這個營運中心來引人注意。它可以炸掉伺服器，或是起訴負責人。但如果根本沒有營運中心呢？如果某個虛擬世界與它生產的虛擬貨幣，根本就是自我管理的實體，它就是存在於網路中，根本沒有一個中央的協調或管控中心呢？

因為現在的網路世界，就是這個狀況。**經由點對點網路服務（peer-to-peer services）的技術，一個點對點的虛擬世界，就可能不會被外界的任何人影響。要改變這種網路的唯一方法，就是進入這個網路，並從裡面產生影響力。**但是很顯然地，在網路中的節點所能投注的影響力，遠遠小於政府能投注的力量，政府一下子就可以把整個伺服器關掉了。

但是現在，即使不是點對點的系統，也不再有類似「中央伺服器」了。現在每一個系統都是由雲端組成，也在雲端上生存。這些雲會彼此交談，因此就不會有具體的中心據點，讓政府可以派人去興師問罪。它的確可以派警察去伺服器場（server farm，或稱為資料中心 data center），還可以利用它或甚至轟掉它。但伺服器場裡所有的任何東西，也都同時存在於某個地方，而且毫無疑問，這就是設計來面對實體資源損失的，因此不管是遇到警察還是颶風來襲，這些系統都能躲到更安全的地方。就像一個人想要在一個小房間裡抓一千隻貓一樣，政府看到這些系統老是在腳底下亂竄，當它覺得好像抓到什麼東西的時候，抓到的卻是空氣。

雖然政府沒有辦法阻止網路上的資訊流，但它可以對資訊擁有人施加壓力。但如果這個資訊擁有人決定移居到其他國家，或是逃開政府的壓力呢？除了政府本身進入這個系統——成為其中的一隻貓，並希望藉此被聽到之外，我實在不太清楚政府還有更多資源可以應用。

評估這些趨勢下來，我們並不清楚，政府要如何以目前的方式影響虛擬經濟的交易，而政府規模會縮小，也可能是會發生的事。

虛擬遊戲的營運商倒了，誰來善後？

除了政府即將面對的問題，當虛擬貨幣持續擴展規模，政府也會被要求站出來釐清法令規範的環境。同時，這些貨幣也會變成有趣的新工具，讓人可以用來購買經濟與社交物品。因此在某些情況下，政府也可能在共同的利益下，變成虛擬商品與虛擬貨幣的管理者。有人就注意到，某個虛擬世界的破產，可能會讓政府成為那個虛擬世界的管理者。[6]只要這個虛擬世界繼續運作，資產就是有價值的。破產法院的工作就是維持這些資產的價值，直到這個營運者清償債務或完成公司重整。維持虛擬資產的價值，就是讓虛擬世界繼續活命。從這種角度來看，對虛擬世界與社群媒體管理服務商來說，政府可能是最後可以依靠的救援手段。

至於另一個方法，當虛擬環境經營失敗，就直接把伺服器上的開關關掉，風險可能會很高，可能會對經濟體系的某些地方造成重大的破壞。但是，虛擬世界會有大到不能倒的問題嗎？

關於重整經營失敗的虛擬營運者，已經有一個前例。一個和虛擬世界營運者沒有聯盟的第三方，已經設置了類似的「流氓」（rogue）伺服器，以便讓他們有更不受束縛的環境。在自己的伺服器上，你可以改變規則到某種程度，然後用你想要的方式玩。**如果主要的公司倒閉，第三方提供的伺服器就能夠讓這個虛擬世界繼續存活。如此一來，商業力量就可能進入這個領域，重點是，並不是由政府接管，而是由使用者接管。**

政府應該開始收集玩家交易活動的資料

我之前提過，隱私不再是技術問題，它必須經由法律與慣例來支持。在虛擬貨幣環境中，資料的收集和使用也會成為重要的議題。

但關於資料的一個更大且更重要的問題已經出現，而且牽涉到國家級的會計作業。虛擬經濟已經存在很多年，而且呈現指數成長的態勢。但是針對它們的規模與成長狀況，沒有任何單位努力去收集正式的資料。如果虛擬貨幣與政府之間，有一場關於觀察能力的軍備競賽，可能連政府自己都沒有察覺，兔子已經在轉彎處了，烏龜還以為這仍會是一場輕而易舉的勝利。對中央政府來說，在它們的統計報告中納入虛擬經濟的資料，是極有價值的。當政府開始向遊戲開發者索取有關玩家與經濟交易活動的資料時，可能會看到第一次的衝突，以及有關政策的第一次關鍵討論。

曾經發生類似的事，故事一開始是美國國稅局很想要對燃燒人慶典（Burning Man Festival）活動徵收營業稅。燃燒人慶典是一個大型的年度活動，吸引美國社會中的各種怪胎，各自穿著奇特的裝扮參加。為期一個星期的活動，在鳥不生蛋的沙漠中創造了一個三萬人的市集，並在那裡，進行非常多的交易，但沒有一個是用美元交易。根據法律，即使是一條珠子項鍊交換紅棕色染劑，也會產生易貨貿易的稅務責任。據說美國國稅局派了一個人去調查。他在亂七八糟的瘋狂活動中閒晃了好幾個小時，直到最後他終於明白，燃燒人慶典的活動不應該用易貨貿易的方式來課稅。簡單說，就是一整個太奇怪了。基於同樣的理由，政府也很難要求線上遊戲的製造商申報全部的收入。

但是，知道在虛擬環境中到底創造、交易了多少價值，也更重要了。到底有多少東西是活命產出（subsistence production），也就是做來自己使用的，而不是用來交易的，這是否應該被當成國內生產總額的一部分呢？那麼生產出來賣給機器商人而不是賣給其他玩家的部分呢，這算生產嗎？在這種情況下，價值怎麼認定？答案通常不困難，但越早找到答案，對即將到來的政策越早辯論越好。

最後，在管理與治理虛擬經濟體系上，政府似乎很可能會捲入基本的政治經濟問題。目前，玩家們為了能使用這些虛擬環境，幾乎放棄了所有重要的公民權。透過服務條款與使用者授權協議，使用者基本上是放棄了發言、集會權利與自己的財產。當然這是維持不了多久的。[7] **關於虛擬世界如何管理的問題，可能類似於管理企業、俱樂部與運動協會。創立與管理這類經濟實體的人，可以在某些限制下運作，只是虛擬環境的限制還沒有決定。**

政策測試，終於找到可行辦法了

觀察虛擬經濟這麼久，我相信在受到控制的條件下，它們可以成為很有用的研究與測試工具。當虛擬經濟變得更像實體經濟，實體經濟也變得更像虛擬經濟，虛擬經濟的內部情況就會和外部情況越來越有關聯。但虛擬經濟比較容易掌握。你可以做出某個虛擬世界的兩種副本，然後實施兩種不同的政策，這可能會帶來在大規模的社會科學研究裡很少見到的結果：因果的直接證據。

對於人們想要的經濟體系類型，虛擬世界也可以給我們直接的訊息。假設我們設立了很多個類似的虛擬經濟體，然後在每一個體系中實施稍微有一點點不同的政策。就能知道政策相關的訊息。虛擬經濟裡的玩家，同時也是現實世界國家裡的公民，想必他們也會投票支持他們偏好的政策。如果選民要求，在現實世界裡的政策，要和他們在虛擬世界體驗到的一樣好，我們不應該覺得驚訝。

當人民選擇開放而熱切地參與經濟活動時，所有人都會得到好處。經濟參與是基本公民權的具體表現。願意上到檯面進行經濟活動的人，就顯示出他們對那個經濟體系的信心。他們一定多少感覺到，他們的努力會得到公平的回報，當然還是有一些自由選擇的空間，但在他們努力的過程中，也讓世界成為一個更好的地方。如果某個虛擬經濟發現了讓這些事情發生的方法，它的政策就非常值得現實世界的政策制定者好好注意。

虛擬與現實決策的共同點：吸引玩家與民眾的興趣

在一個更廣的層次上來看，**遊戲設計者與現實世界的政策制定者面臨相同的概念問題：他們被期待要了解民眾的利益，然後推出服務這些利益的制度**。在現實世界中，我們稱這些制度為政策；在遊戲中，我們稱它們為規則。遊戲設計者有特別的權力可以用程式來限制某些行為，但遊戲設計者與政策制定者都受到心理學的限制。政策制定與規則制定都是治理的例子。如果遊戲設計者和政治人物是在做類似的事，他們也可以互相學習。

舉例來說，現實世界的管理者可能有興趣想學一下，遊戲管理者在全面實施之前，總是會做的政策測試。我在念研究所的時候，政策測試在現實世界幾乎是沒聽過的事。[8]令人感恩的是，我們似乎已經到了測試的新紀元，因為社會學家已經進入這個領域去研究，受到控制的政策調整會如何影響人們的行為。[9]

一個社會通常是一個龐大、複雜、動態的系統，因此預測政策（和個人行為相反）的實際影響，是極為困難的事。但只要政府願意花錢，這終究還是很重要的。可惜的是，我注意到的政府中，沒有一個維持系統化的政策測試機制。結果，在現實世界中的政策制定總是做得很糟。

這不是要批評政府。在自然力量與人的行為的研究上，兩者之間一直存在著無法踰越的方法學上的鴻溝。在自然研究上，普遍來說，針對某些觀點進行控制條件的測試是可能的。**在人的行為上，通常不可能測試任何事情，即使只是牽涉到有限的複雜度，也不可行**。我們不可能創造兩個一樣版本的雅典，接著把柏拉圖的理想國制度在其中一個實施，然後衡量在自我實現的幸福感中，兩個版本的差異結果。其實在今天，遊戲設計者隨時都在這樣做。

利用短期與長期小組，遊戲設計者找到受歡迎的政策

遊戲與社群媒體系統的製造者已經演化出程式設計協定，就像公共政策的生產線。大量的線上遊戲並不只是軟體而已，而是以軟體為媒介的服務系統。他們永遠在線上。每一個這樣的系統都有一個即時小組（live team）會持續不斷監控網路上的即時狀態並執行一些遊戲管理者、最高層級的設計者認為必要的、最終的調整，通常被稱做補丁。他們通常會關心玩家是否開心以及對營收的影響，但有時候，調整是因為某個技術故障或遇到駭客的必要措施。這些事情會被自動追蹤系統辨識出來，它們會標示出快速變化的異常狀況。像這樣的線上系統牽涉到即時監控作業，這是由數百萬人參與的數百萬個行動，才能做到的。

在同一個時間，每一個系統在後臺都有專注在長時間的發展小組（development team），他們研究資料並思考改善使用者經驗的方法。有什麼新的內容與特色可以被加進來？服務可以怎樣做得更有吸引力？是不是有更多根本的問題無法由補丁來解決，因此可能需要更大規模的重新設計？

儘管是在不同的時間規模，一個是短期、一個是長期，即時小組與發展小組都在為遊戲或社群媒體產品想像新的可能性。一旦新的規則、內容、程式與特色被推出來，開發者也會遇到和政府相同的問題：我們現在該做什麼？哪一些行動最能達到我們的整體目標？

對政府與社群媒體開發者來說，「我們現在該做什麼？」這個問題有理想與世俗兩種答案。世

俗的答案是「賺錢」和「再次當選」。這兩個答案都有一個共同的目標：「讓人接受我們正在做的事，然後支持我們。」但一遇到理想的答案，這兩個答案馬上就失去吸引力了。理想的答案是：「給人們好東西。」把操控、強制與詐騙的明顯機會放到一邊，**遊戲開發者與政府的工作是一樣的：找出人們感興趣的事，然後給他們想要的。**

社群媒體發展小組就像政府，他們的工作就是要了解，人們對他們提供的系統的使用經驗如何，並妥當地因應。**人們喜歡得到這個東西嗎？誰遇到問題，是什麼樣的問題？我們可以做什麼來協助他？即使沒有人提出問題，有沒有機會把事情做得更好？**這些問題都直接有助於讓人在遊戲、社群媒體產品、或派對、或國家裡更快樂。快樂的人會持續支持這群籌畫表演的人。

這裡有一個例子可以解釋，在一個具體的遊戲情境中，這些考慮會帶來什麼結果。有一個線上遊戲被推出來之後，好幾年都做得很好。不過，經過了一段時間，社群管理者觀察玩家在遊戲論壇、電子郵件與新聞中發表的意見後，提出一份報告指出，有一群稱為拋衣人（cloth casters）的特定階級的玩家中，有一種不愉快的情緒持續增強。拋衣人是不同種類的巫師和魔法師，他們只要穿上防護衣，就能保護自己並攻擊敵人。這群玩家的拋衣人化身只能穿長袍，加上這個名稱，讓他們在玩家對戰中，得到很不愉快的經驗。他們已經向社群管理小組抱怨過，他們很容易就被猛獸殺死。猛獸有一種稱為「祕密行動」的能力，牠們可以在拋衣人身邊悄悄出現，並在沒有警告下忽然攻擊他們。拋衣人說，他們根本來不及穿上防護衣，所以遇到猛獸時非常容易受傷。很多人說，他們就是因為這樣，不想再玩這個遊戲了。

遊戲的分析小組被要求調查這件事，最後提出報告。的確，在一場玩家對戰戰鬥後的五分鐘內，在巫師、魔法師、妖師階級的角色裡，取消訂閱率是最高的。這個小組也提出針對之前十二個月的趨勢報告，扮演猛獸角色的玩家人數也持續增加中。一年以前，猛獸占玩家人數的一一%，現在是二一%。同時，拋衣人的人數比例從一五%掉到九%。

在同一時間，每天觀察實際遊戲狀況的即時小組也提出報告，拋衣人的防護衣中，可能有一款有問題。有些玩家也向客服中心抱怨，防護罩沒有發揮正常功能。穿上去應該要立刻隱身才對，但實際上卻花了一．五秒才發揮作用。這個延誤可能可以解釋猛獸為什麼那麼容易成功，如果這真的是程式錯誤的話。

發展小組評估了這些資料並做出結論，這個遊戲如果最後變成「只有猛獸」，對遊戲的長期發展會有問題。目前的問題很可能是因為防護罩的設計錯誤。因此，就由即時小組重新檢查防護罩的程式，並做必要的調整。如果找到錯誤，解決方式就鍵入下一次的補丁版本。

在這期間，發展小展也必須考慮，如果防護罩並沒有發現程式錯誤、或者程式錯誤解決之後卻沒有改善玩家的抱怨，他們該做什麼。也許可以加強拋衣人的防護能力，或是減弱猛獸偷襲的能力。發展小組會繼續研究拋衣人能夠回應猛獸偷襲的各種方法。玩家有沒有需要的防衛能力？我們是不是讓這些防衛能力太難使用或理解？在想這些問題的時候，發展小組也在考慮猛獸的能力。也許當某個人和敵人的距離在十英寸以內時，祕密行動的能力必須變弱，也許這種能力只能在暗處使用。所有這些考慮與程式錯誤的解決，對遊戲來說，都是形成政策的某部分管道，而這些管道也成為遊戲現行政策演化的來源。

參考遊戲測試的兩種方法

目前，這個過程和現實世界的政策制定並不一樣。在政策實施之前，有很大的分歧。主要的差異就是測試，長久以來，社會研究發現測試是非常困難的事。遊戲與社群媒體公司則發展出制定政策的管道，然後用它們來測試各種政策。唯有通過一系列的測試，才會讓這個政策付諸實行。

舉個例子，遊戲開發者通常會使用「測試伺服器」模式。這是整個系統的複製品，然後會被完全區隔開來。有些玩家會被特別選來測試這個伺服器，或者有些伺服器是開放所有人測試的。玩家會被告知：測試伺服器並不代表正常的遊戲經驗、在這裡達到的成果不能被轉移、在這裡做的事或得到的成果隨時都可能被刪除。換句話說，測試伺服器並不是要「活著」的地方。不過，它通常會允許玩家在各種閘門之間跳來跳去好幾個小時，讓他們能立刻免費拿到好東西。如果他們是在做一個有八十級土牢的測試，測試伺服器就沒有道理只為一級的角色開放。更精確一點說，在測試伺服器過程裡，每一個人的角色都是從八十級開始。

從測試伺服器得到的結果，通常被用來展開各種大大小小的設計調整。每一個系統的補丁，不管或大或小，通常都要花時間，在正式推出之前，至少要一個星期，有時候甚至在測試伺服器花上好幾個月。目的是為了防止發生麻煩的意外，並確定這個提出的調整不會傷害其他部分，畢竟，這的確是一套不可思議的複雜系統。

遊戲開發者假設：再多的推論與猜測都無法充分說明各種可能性。戰略家都知道，在任何戰役中第一個死的就是計畫本身。遊戲開發者知道，「一定不會出錯」這句話一直是錯的，因此他們會

盡可能做測試。

他們也會慢慢地進行，並且把測試做到符合即將改變的規模。大規模的改變會測試與調整很長的時間。在活著的人群中發動革命或政策「實驗」，結果保證完蛋。通常，這些小心翼翼的做法也得到使用者滿意度的回報。

測試的第二種形式是「A-B測試」。一個遊戲同時推出兩種設計，A版本與B版本。A版本是正式的服務。而B版本就提供給一些毫不知情的新玩家，做為次樣本。當某個人登入並試玩了這個遊戲一陣子，然後不知不覺地，他就得到B版本，而不是A版本。就像其他人一樣，這個新玩家會玩一陣子，然後決定是否要回來繼續玩，或是否要付費。開發者會非常小心地觀察這些數字。如果B版本有更多玩家留下來而且願意付費，就表示B版本一定做對了什麼。如果這個經驗被更進一步的測試確認了，B版本就不再讓新的玩家加入了。在接下來進行的A-B測試作業中，開發者會慢慢地繼續微調遊戲系統，讓系統變得更好。經過一段時間，遊戲就逐漸改變，而且總是朝向吸引更多人參與更久的方向前進。

官員可以仿效遊戲設計者，先找出結果再決定政策

讓我們比較一下遊戲測試與現實世界的政策制定過程。**遊戲與社群媒體的測試制度是把使用者——公民——放在中心考量點。只有能夠改善使用者對遊戲滿意度的政策，才會推出。**雖然改變遊戲也會讓某些人生氣，但遊戲開發過程的目的不是為了族群的邊緣分子，而是為了核心主體。如果

新政策讓絕大多數的人覺得遊戲變得更好，才會生效。現實世界的政策制定，如果也能這樣做，就好了。

遊戲開發政策的做法是基於，在更普遍實施之前，玩家如何回應開發者推薦的改變。他們不是基於猜測或預測，也很少基於方法或意識形態的爭論。**使用者不必猜想政策的效果會如何，他們可以試著把結果找出來。討論的進行也會根據具體的經驗，而不是完全用猜的。**

比較起來，現實世界的政策制定很容易被狹隘的利益主導，是一種偶然的交易過程做出來的，也通常基於理論或意識形態的考慮，產生的後果通常在政策發布時根本不知道，或預測得很糟糕。

遊戲的政策制定方法有幾個好處。

第一，它是緩慢且慢慢增加改變幅度的。政策的不確定性會對經濟體系增加很大的負擔。各行各業的人都必須考慮到政府政策大幅改變的可能性，如此一來就會造成遲疑以及防備風險的開銷。因此，政策最好是慢慢改變，並且是可以被預測的。有時間適應改變的經濟體，會在最有效率的方式下這樣做。這也比政策革命更好。

第二，遊戲的政策制定方法是基於真實的行為反應。投票，就像問卷調查，只是意向的表達。投票並沒有真實的檢查點，這樣投或那樣投並沒有花費任何成本，但行為的改變是有成本的。我們可以說，如果人們針對一個新政策而改變行為，這個結果就是真的和他們自身的福祉以及有意識或無意識的決策有關。因此，遊戲的方法是把公民的福祉與決定，放在政策制定的中心考量點。

虛擬世界的好事，可以轉移到真實世界嗎？

本書從頭到尾，一直在探討轉移的概念：虛擬世界的事情可以被轉移到現實世界嗎？在關心虛擬世界與遊戲的領域裡，轉移這個概念已經越來越重要了。舉例來說，在教育界，很多人很關心把在遊戲學到的課程轉移到現實世界的方法，以及這些轉移過來的知識是否比課堂上教的更好。本書大部分也是談關於虛擬經濟的制度如何轉移成為實體經濟制度的演變。最重要的是，轉移現象一定持續發生，只是有時候從虛擬到真實的路並不是筆直的。

管理方法如何從虛擬轉移到現實世界？一部分和虛擬世界有關，一部分和現實世界的改變有關。

我們已經看到，科技已經改變了實體經濟，因此曾經只存在遊戲裡的貨幣，現在到處都是。科技也以類似的方式正在改變政策的環境。在遊戲世界中，開發者坐在他們的辦公室裡，然後經由論壇、部落格以及遊戲訊息公告規則；玩家可以從這些管道、或在同一個遊戲裡其他有聯絡的人，聽到這些政策。政府的情形也是類似的，政府也越來越常經由論壇、部落格以及進入「這個世界」的訊息來公告政策，這個世界指的就是政府聘雇人員、新聞記者與政府網站。公民可能從這些地方、或經由電子郵件與簡訊得知新的政策。

遊戲世界與現實世界這兩個系統其實是類似的，決策者坐在一個龐大資訊網路的節點上，以數

位的方式把規則傳送出去。

政府與公民之間的聯繫，如果是用電子郵件（或是它的後繼者），要花多少時間？想像一下你在手機上可能會收到政府發給你的訊息：「你現在收到這則訊息是因為，我們的紀錄顯示，你是受雇於汽車製造業的美國公民。我們是要通知你，關於汽車製造業的工資之社會安全處置方式，有一個新的改變。請到以下網址hhs.gov/newsocialsecurity#carwages，查看更進一步的資訊。」

從某些角度來看，**現實世界在管理上要用到的溝通技術與虛擬世界的差異，其實很小，因此可以無縫導入遊戲政策的測試系統。**而且，根據遊戲政策的測試結果，現在就可以應用。我們沒有理由將這麼好用的工具放著不用，而只是袖手旁觀。我們可以馬上就把它拿來應用，並學習如何以互動、慢慢增加的方式制定政策，而且還有一大堆之前做過的可能後果的資訊可參考。這肯定是社會運作的更好方式。

如果，通勤、運動都有錢可拿……

現實世界的經濟制度如果應用虛擬世界的技術，可能會加速公共政策的其他創新。

舉個例子，想想看，遊戲開發者與現實世界的政策制定者，對待貨幣的方式有多大的不同。政府把貨幣當成經濟體系的主要財產，他們無法想像貨幣是和銀行體系分開的某種東西。比較起來，遊戲設計者把貨幣當成是他們創造出來的東西，對他們來說，「管理」貨幣有不同的意義：管理貨幣是設計交易與市場活動，讓玩家樂在其中。

在遊戲與社群媒體環境中，貨幣政策的目標是要讓人快樂，這樣做就可以把他們留在遊戲裡。

如果現實世界的貨幣管理者，有相同的態度呢？比如說，我們都知道，每個人都喜歡有錢。在現實世界，只有為別人工作或賣東西、或從政府那裡得到福利津貼，你才會賺到錢。而在虛擬世界，你幾乎可以得到所有想要的錢：殺掉一隻怪物，就能得到一個金幣。

但從經濟角度來看，殺怪物完全沒有意義，這個行為本身不會為遊戲世界的經濟增加好處或服務。它無法產生任何可以買、可以賣、可以存起來，或以後可以用的東西。它就像籃球中的射籃動作一樣，做的人就是做了。此外，除了殺死怪物的樂趣，遊戲還提供一點金錢報酬，讓人覺得更快樂。人都喜歡小小的金錢報酬，所以只要他們去做系統裡各式各樣的小事，遊戲與社群媒體系統就會給他們錢。換句話說，金錢是為了單純的快樂理由而給出去的。

想像一個每次你投籃得分，政府就給你一美分的現實世界。每天通勤去工作，政府就給你一美元。或者每天運動，就得到五美元。如果這是政府把錢投入世界的方法，而不是貸款、銀行票據、打印的硬幣，就只是單純要讓人快樂而發出去的法定貨幣，又會如何呢？

就像遊戲設計者，政府接著可能必須發明「水槽」，就是把錢移出去，好讓它保持穩定的價值。一個簡單的水槽可能是抽稅，或者直接把錢摧毀。為什麼現實世界的政府，不能管理一個水龍頭與水槽體系，就像遊戲經濟做的一樣，這實在沒有什麼道理。或者，就像遊戲經濟一樣，實體經濟體系也能提供能做不同事情的貨幣。

遊戲與社群媒體營運者已經學到，當人們忙著做各種事情時，直接給錢，是讓人覺得快樂的一個超級強大的方法。這個系統也結合了經驗值系統，也就是說，人們在遊戲裡做的事情，不只得到

更多錢，也會提升能力。這個方法可以引誘人們對原來不感興趣的事情，投入很多時間。

舉例來說，前一章我們看到的推磨動作並不有趣，但人們還是會做，是為了之後更好玩。我們已經在遊戲中看到，只要給他們承諾的報酬，例如金錢或能力做為回報，你就可以讓人去做事。不同的是，在遊戲中，人們得到錢與能力的方式，都是設計來增加他們最大程度的快樂。

政府沒有預算限制，還能改變所得分配

政府也可以用這個方式，來鼓勵人們從事各種政府想要的行為。開車注意安全、不要坐牢、不要逃學、不要有私生子女、運動、準時繳稅，所有這些事都可以得到直接、小額的金錢做為報酬，當然不是從政府的預算拿出來，而僅僅是政府法令的效果。

這會把很多錢灌入這個系統嗎？當然，但這不必然會引發通膨。遊戲與社群媒體營運者已經學到，如何管理它們的貨幣供給。當他們打開一個水龍頭，他們也同時把水槽出口打開。政府已經有管道可以拿到水槽，現在只是必須去用而已。

這樣的系統灌入的大部分的錢可能會花在改變所得分配上，這是產生最大快樂的地方。留在學校一天一美元，對企業總裁的孩子來說，根本沒什麼，但這對流浪街頭的孩子來說，就會造成改變。這花不了多少錢，而且遊戲經濟也不會引起多大的忌妒。賺錢的管道對所有人開放，如此一來，如果有某些人累積巨大的財富，窮一點的玩家也能平靜地接受。大部分的人會理解到，他們過去可能可以、未來也依然可以擁有那麼多的錢，只要他們投入更多時間與努力而已。

如果你質疑，那就是付錢給人做本來就應該做的事而已，那你再想想，遊戲與社群媒體系統也常常給根本沒做什麼的人錢。如果每個人每天可以領到五美元，只是因為當了一天的人呢？這並不像你想像的那樣牽強，這就像很多國家提供基本的收入保證。想一想「最低薪資保證」與「普遍分發法定貨幣」（以換取無意義的工作任務），這兩者之間有任何不同嗎？

很明顯的，這樣的政策與國家債務有關。或，真的有關嗎？現在，我們強迫政府以現金流的基礎來運作，它花的錢都必須經由費用、稅收或借款籌到。但為什麼要這樣呢？社群媒體系統的「政府」只是單純地在需要的時候就發行更多貨幣，太多的時候就銷毀掉一些。他們的運作沒有絲毫的預算限制。為什麼不讓真實的政府做相同的事？如果這個世界需要錢，就讓政府印鈔票來花。如果這個世界錢太多，就讓政府收稅然後把錢銷毀。

這些想法不應該被拿來當成立即的政策建議，因為這僅僅是一種針對某個開始流傳開來的想法的反思，所得到的啟發。這個想法就是，用虛擬經濟的政策來解決現實世界的貨幣問題。我們可能會遇到很多想法，它們一開始似乎非常瘋狂，但之後就會讓人不禁要問：「為什麼不可以？」遊戲與社群媒體的經濟體系似乎運作得非常完善，看看數以百萬的使用者投入，而且它們的經濟產值也快速成長並累積價值。這些貨幣管理的方法也許很激進，但似乎有效。在現實世界引進水龍頭與水槽貨幣制度，為什麼不可以？

在虛擬經濟與虛擬貨幣的時代，政府有很明確的職責與嚴峻的挑戰。很明顯的，在貨幣事務領域即將會有一段相當混亂的時期，政府必須維持貨幣的秩序與穩定性。它必須讓遊戲就只是遊戲，事實上也應該幫助遊戲就只是遊戲，不會和現實世界混在一起。同一時間，政府必須在社群媒體網路與實體經濟團體之間，建立一個同等級的競技場，法律當然沒有任何經濟上的理由，要做出數位化的差異，除非政府想要資助或鼓勵社群媒體系統的發展。

政府面對的挑戰也是沉重的。在一個經濟活動快速滑進虛擬世界，且很多政策持續下去的可能性也有疑問的世界裡，政府必須堅持它的核心功能。在這同時，虛擬空間也會有很多治理的例子，似乎能為政府該做什麼以及怎麼做，提供戲劇化改變的理由。

真實與虛擬之間的界線持續在模糊中，但這絕不是想像的世界變得更真實，或真實的世界變得更像想像出來的。也許我們只是正在體驗，當科技讓所有想像變得具體時，可能會發生的事。

結語

看懂虛擬經濟的機會與威脅，你就能為自己創造價值

很快地，法官、立法者與高階主管們會開始聯手打造未來數十年要用到的法律與政策架構，以規範虛擬環境與現實世界之間的關係。他們如何針對虛擬世界立法，將在數位時代中大大決定我們的社會結構。要注意的是，這很容易變成一件很糟糕的工作，因為虛擬世界產生很多互相衝突的想法，而且我們天生就對侵犯到認真世界的界線很容易生氣。矛盾的想法與強烈的情緒，兩相結合之下，會提高有關當局把事情搞砸的機會。即使是現在，我們都不是用正確的方式開始。

比如說，線上社群是根據個人與企業的合約建立起來的。於是，在這個社群中，沒有一個人和另一個人有任何法律關係。如果有一個人傷害了線上社群，我們也沒有任何權利來對抗他，我們的權利只和建立社群的企業有關，而和這個惹是生非的傢伙無關。

任何線上社群，也就是在同一個虛擬世界的一群人，他們只有和遙遠的領主有契約，而不是和彼此之間有契約。那個領主通常也禁止我們之間做出聯合的法律協議。這種安排從骨子裡就凍結了大家的社群意識，但我們把它視為理所當然，認為這是虛擬社群的正常運作方式。[1]

還有很多其他事值得擔心，但在這篇結語中，我想強調我相信是最重要的一點。如果政策制定者忽略這一點，虛擬世界會以非常不好的方式發展。

虛擬經濟的兩種目的：你是來玩的？還是來做生意的？

重點就是：在為某個虛擬世界制定法規或法律時，認清那個虛擬環境的目標很重要。有些虛擬世界就是為了玩樂，但其他是為了嚴肅目的而成立的。法律必須以同樣的尊重對待他們，但規範要有點不同。

現在很快地用一個例子來釐清這個原則。假設喬是某個奇幻遊戲的玩家，他請求另一個玩家亞當，幫他做一個虛擬金屬盔甲。亞當做了。亞當給喬盔甲，然後喬給亞當一百個金幣。現在，假設亞當十二歲，而喬是三十七歲。那麼喬是否違反了兒童勞動法？如果沒有違法，為什麼沒有？

再想想另一個例子。這一次，喬有一個臉書應用程式要用來推廣他自己的網路設計公司。他請亞當每天去這個程式網頁十次，並且針對他的公司在臉書論壇與評論網頁，寫很多正面評語。他請求亞當要「喜歡」（like）這個程式，並請他的朋友也這樣做。為了回報，喬告訴亞當可以在美國運通紅利網站使用一千個紅利積點。喬可以這樣做，是因為他是美國運通的長期使用者，而且在這公司有數千個紅利積點。亞當瀏覽了美國運通網站，決定想要一張Yo Ville線上遊戲卡，價值美國運通公司一千個紅利積點[72]。他告訴喬他的選擇，喬就用自己的點數買了這張線上遊戲卡，並把密碼傳給亞當，讓他可以去Yo Ville用。現在，這樣的安排是否違法了兒童勞動法，如果是，為什麼？

我認為，這裡存在的重大差異在於，喬與亞當進行交易的虛擬環境的設立目的。臉書與美國運通都是在做嚴肅生意的嚴肅公司，喬的網路設計公司也是。因此，第二種交易發生的情境，一點也不像遊戲，這是一種商業的情境。所有一般現實世界的法律，都應該適用，因此，喬事實上雇用了童工。第一種設定，就完全是在奇幻遊戲環境裡發生的交易，目的不是認真的，因此現實世界的法律就不適用。喬沒有雇用童工，他只是和一個小孩在玩遊戲。

玩遊戲可以免稅，做生意就要課稅、符合法規

如果政府忽略了這種差異，而把這兩種交易看成本質上是一樣的，會發生什麼事？結果一定非常糟糕。

如果政府把這兩種交易都當成是遊戲，那麼喬就可以規避兒童勞動法，還可以用美國運通紅利點數來做生意，這根本不公平。這表示，法律對不同公司是否做出不同的對待，取決於公司擁有人是否能接觸到虛擬貨幣。如果你在做生意時用的是美元，你就要負擔所有政府法規與稅務的責任。如果你不是用美元，那你就可以完全免於這些責任。

經濟學家一般都同意，如果有一條法規或稅則，就應該一體適用所有類似的公司，否則就會讓企業有誘因為了鑽漏洞而改變行為。這比不公平還糟糕，這是無能、無效率的。我們希望企業要創造價值，而不是逃漏稅。如果把所有虛擬的行為都當成愚蠢的遊戲，政府就會為企業創造出把商業運作虛擬化的邪惡誘因。

72 根據這個紅利的美元價值，美國運通的紅利積點似乎可以一百二十點對一美元，如果是這樣的話，喬付亞當大約八美元。

如果政府是犯了另一個方向的錯，而把所有虛擬的交易行為都當成是嚴肅的經濟活動呢？基於不同的理由，這也會成為一種糟糕的錯誤。如果所有的國家法律、稅收與法規，全部都適用到每一個虛擬交易，不管是在哪裡進行的，整個線上遊戲產業可能會被摧毀。想想看，你每一次用一頂黃金王冠去買一頂巫師尖頂帽的時候，你就要付一次營業稅，這不只會很沒必要地拖慢遊戲裡的經濟動能，也破壞了沉浸在奇幻遊戲的心靈世界。如果不能沉浸在奇幻世界，遊戲就不值得玩了。少了奇幻，線上遊戲就像玩籃球但沒有籃框，還有什麼意義？

在奇幻遊戲與嚴肅的社群媒體之間，想要有一條清楚的分界線，可以根據目的來劃分。奇幻遊戲的目的是讓人們沉浸在想像中，並讓他們覺得有趣好玩；而嚴肅的社群媒體目的是幫助人們連結、得到資訊，並進行交易。後者是經濟活動的一個正常功能，而前者能成功，正是因為它不是經濟活動的一個正常功能。在線上奇幻世界裡的經濟活動，根本不是一般的商業行為，政府必須用不同的方式對待它們。

要辨識嚴肅的社群媒體與遊戲中間的那條線，怎麼做最好？我們可能很容易想到規模大小，當然了，遊戲的規模小，嚴肅的社群媒體規模大。但問題是，在虛擬貨幣環境中，有些遊戲的經濟規模的確可能會成長得非常大，而有些社群媒體的經濟規模可能非常小。數百萬個小型的社群媒體經濟集合起來，可能比整個國家的正式經濟體系，有更大的集體影響力。因此，從經濟與目的的類型而不只是規模，來討論這些問題就很重要。

要用目的適當地區分兩者可能有點微妙，但我相信實際上是很容易適用的。臉書很清楚就是一個社群媒體系統，而不是一款線上遊戲。它的確推出了一些遊戲，但它也推出了其他活動。從另一個角度來看，《泰拉》（Tera Online）很清楚就是一個遊戲。雖然你可以見到遊戲裡的人並和他們交易東西，但在服務條款裡面表達得很清楚，如果使用這個系統與系統的工具來推廣或銷售任何和遊戲無關的商品或服務，都是違反規定的。你在合約裡面甚至被禁止，用現實世界的東西去交換遊戲的物件。

所以，一個最重要的問題，且應該做為引導政策的問題是：它是要做什麼用的？

在這兩個例子中，這個問題都很容易回答。臉書是為了連繫、資訊與生意；《泰拉》是為了樂趣。如果某個虛擬環境是用來讓人能夠連結，它就是一個嚴肅的社群媒體服務；如果它是為了好玩，它就是遊戲。目前，這方法詳盡說明了虛擬環境的全部領域，但如果某一款的目的是大家前所未見的，那麼辨識那個新型態的虛擬環境的重要方法還是它的目的[73]。

保護遊戲的魔力圈！

最後，也許有人會問，為什麼要保護遊戲？為什麼遊戲經濟不應該承擔法規與法律責任，而嚴肅的企業卻應該承擔？

[73] 對目的模糊不清的例子來說，最好的政策就是說清楚，任何社群媒體不是明確設計要玩樂的，就要歸到嚴肅類別去。法律必須清楚表明，好玩的系統必須做到哪些事，才能符合以玩樂為取向的遊戲資格。玩樂系統也應該禁止利用系統，以廣告、貨幣交易等類似的行為，得到現實的經濟利益，必須要在最大的合理程度上和現實世界區隔開來。

首先，我們應該清楚賭注是什麼。把任何現實世界的規定強加進去遊戲世界，就是會毀掉它。遊戲的本質就是它不牽涉到現實。當現實進入了遊戲，它就終結了這個遊戲。當運動員在比賽中嚴重受傷時，就會遇到這種情形。比賽要馬上暫停，除了那些最麻木的粉絲之外，所有運動員與其他所有人也都能理解，然後要緊急治療這個運動員的傷，並立刻把他安全地護送離開球場。擒抱並摔倒對手的橄欖球員，以及打到對方打擊手的棒球投手，都不會被指控為攻擊或毆打。比賽絕對不能忍受和現實有所關聯，在這一點上，遊戲同樣是非常敏感的。

第一位致力於運動理論的歷史學家約翰．赫伊津哈（Johann Huizenga）指出，我們應該給遊戲或比賽一點空間，因為規則不一樣。[2] 他提出一個核心概念，叫做「魔力圈」（magic circle），在遊戲的魔力圈內，規則是不一樣的。如果不保護魔力圈，日常生活的規則就會入侵遊戲的領域，並摧毀在魔力圈內進行的比賽遊戲。魔力圈並不是自然存在的東西，它的存在是因為我們建立它並宣告：「任何在這個空間裡面的人，必須根據這裡的遊戲規則行動。」因為魔力圈只是人為的，並不是一個自然的地理邊界，它自己並沒有辦法反對或抵抗任何事。

當我們設立了一個遊戲的魔力圈，就創造了遊戲，只有讓這個魔力圈保持完整無缺，遊戲才能繼續玩下去。

這意味著任何被強加進入遊戲的現實責任，會侵蝕它的魔力圈並破壞這個遊戲。線上遊戲不只會被拖慢速度、受到妨礙，或只是被外界干擾改變。它會完全被消滅。因為它從遊戲轉換成日常現實了。因此保護遊戲的呼籲，不只是要請求別對虛擬的奇幻世界要求責任，或是減少責任，而是完全別去管它。我們必須把線上遊戲當成自然保護區，完全不要有人為干預。

這種想法可能只會引來更多的反對，奇幻遊戲根本沒有那麼重要，為什麼要大費周章地由外面的人來保護奇幻世界？

奇幻是想像力的應用，對人也是不可或缺的。每一個科學假設都是從想像力開始，每一個政策提案也都是在追求一個假設的更好的世界。每一個虛擬世界都是讓冥想變具體的嘗試。不妨把它想成一個人們嚮往的社交世界的提案，虛擬世界代表烏托邦的具體想像。烏托邦思考可能很有問題，沒有目的的奇幻想像也可能很怠惰，但是想像一個新的世界，並讓它能為真實的人們運作，對人類經驗提供了非常重要的貢獻。這不只是夢想著改變，而是夢想著改變並且把它試著做出來。虛擬世界的建造者，其實是把理想與務實結合在一起了。入侵他們的活動領域，就是殺掉會下金蛋的鵝。

想得到保護，就要符合嚴格定義的遊戲資格

即使我們贊成保護遊戲與奇幻為主的虛擬世界，像虛擬的自然保護區一樣，但在實際上，很難完全把它們區隔開來。要保護魔力圈，是困難的。當某個公司做出了吸引上百萬人的遊戲，裡面充滿了虛擬商品與友情與團隊網路，還有持續幾個月或幾年的連結關係，如何防止它和現實世界的規則與行為混雜在一起呢？

在遊戲中，你應該是英雄，我應該是夥伴；但在真實生活中，你是十二歲的孩子，我是你的老爸。當你假裝無所不知，我假裝年輕無知，我們可以暫時把現實的關係忘掉，但不能永遠這樣做。類似的道理，如果某個遊戲允許玩家累積龐大的經濟資產，然後這些資產可以賣掉並賺到真實的貨

幣，這會有多自然？想要把虛擬世界在法律中獨樹一格的任何努力，都會面臨實際上的困難，因此就要定義，在這些虛擬世界裡，哪些行為是適當的。

所以，給遊戲差別待遇並不是讓它們免除任何監管。相反的，如果遊戲要免除營業稅，它可能必須達到成為遊戲的資格，而這些資格都是謹慎定義出來的。

就像宗教組織必須達到特定標準才有資格免稅，遊戲也應該必須達到特定標準才有資格免稅、並且不受特定法律規範。舉例來說，幾乎可以確定的就是，為了逃避政府法規的介入，遊戲的設計與管理必須要把遊戲商品的金錢買賣降到最低。因為這個活動會模糊掉真實與遊戲經濟之間的界線，也會削減「遊戲是特別的，所以要有不同對待」論點的力道。畢竟，《暗黑破壞神III》的真實貨幣拍賣場和 eBay，到底有什麼不同？並沒有任何不同。因此，就很難主張《暗黑破壞神III》的數位內容能得到免稅待遇。**主管機關將必須做出標準，讓遊戲嚴格遵守以得到特殊待遇，然後持續觀察它們是否信守承諾。**

雖然對奇幻與商業的虛擬世界提供公平而不同的待遇，不是一件容易的事，但卻是可行且極為重要的事。這樣的標準，可以讓我們在線上遊戲上看到的社群假設測試，繼續不受阻礙。我們現在必須努力做出對的政策，也就是能把線上奇幻遊戲當成瀕臨滅絕的物種一樣保護的政策。未來將發生的成果，會讓這些努力充滿正當性、合理性，收穫甚至比現在能想像的多更多。

致謝

本書最初的動力來自於亞特蘭大與克里夫蘭聯邦儲備銀行籌辦的會議。我要感謝戴夫．艾爾提格（Dave Altig）、麥克．布萊恩（Mike Bryan）、布魯斯．強普（Bruce Champ）與提摩．亨克爾（TimoHenckel）這四位傑出的貨幣經濟學家提供這些觀念給我。

我很幸運能獲得匿名捐贈者與威廉．班布里吉（William Sims Bainbridge）擔任計畫指導的國家科學基金會（National Science Foundation）的資助。班布里吉是一名學問淵博的宗教與科技思想家。

如果沒有我的研究助理崔維斯．羅斯，我可能無法爭取到研究經費。事實上，應該這麼說：我並未從事爭取經費的工作；是崔維斯做的。他把廣大的虛擬世界篩選成可管理的探索子集；他雇用大學生從事探索；他寫出了內容文件供他們使用；他對發現進行摘要。崔維斯是不折不扣的合作者，即使他並未動手撰寫這本書，他也應該同時掛名在這個計畫上。

我要感謝麥可．夏賓（Michael Chabin）在午餐時跟我的一番談話，以及系主任沃特．岡茨（Walter Gantz）冷靜而體貼的領導與指引。

感謝匿名評論者找出並且糾正我犯下的一些嚴重的概念錯誤。

感謝我的編輯比爾．弗魯赫特（Bill Frucht）。編輯大概只有怪咖才能充任，因為他們必須樂於從事一些讓人抓狂的工作：不斷地提醒（與再提醒與再再提醒）大家不要一再地寫出一些不好聽的東西或令人感到冒犯的詞語或句子。比爾每次都會盡責地將「貸款」一詞刪去，改成「資金提供」。每當比爾看見「此事涉及一個新問題」時，都會靜靜地改成「這是個新問題」，他幾乎改了五百多遍。你知道一本書出現的首字母大寫、斜體字或粗體字的部分，往往不是書中「最重要的部分」嗎？關於這點，我完全不清楚。但比爾一目瞭然。猜猜看他為此刪去了多少大寫字母、斜體字與粗體字？說出來會嚇死你。此外，比爾也透過尖銳而深刻提問以及透徹的評論，引領我專注在正確的議題上。他是我合作過最優秀的編輯，謝謝你，比爾。

我特別要感謝我在印第安納大學的同事安妮．朗（Annie Lang），她徹底讀了我上一本書，然後給予了周延的評論，我卻意外地在致謝中漏了她的名字。安妮：感謝妳這些年來的笑聲、智慧與敏銳的思維。

我無法用言語表達我對妻子妮娜（Nina）與兩個兒子路卡（Luca）及馬爾坎（Malcolm）的感謝。

我要將這本書獻給我的祖母朵莉絲．柏德（Doris Ball Bird），她是一名鄉村學校的英文老師。她鼓勵我繼續深造，而且在經濟上全力支持我。

最後，感謝上帝，感謝你賜予我生命，讓我有機會來世間走這一遭。

導論

1. Brittany Darwell, "27M Users Bought Virtual Goods Using Facebook Payments in 2012; Zynga's Influence on Revenue Further Diminishes," Inside Facebook, February 1, 2o13, http://www.insidefacebook.com/2013/02/01/27m-users-bought-virtual-goods-using-facebook-payments-in-2012-zyngas-influence-on-revenue-further-diminishes/.
2. European Central Bank, *Virtual Currency Schemes* (Frankfurt: European Central Bank, 2012), 15.
3. National Science Foundation Grant No. 1049449.
4. 見Edward Castronova,*Exodus to the Virtual World: How Online Fun Is Changing Reality* (New York:Palgrave Macmillan, 2007).
5. BEA data from US Auto Sales,YCharts, http://ycharts.com/indicators/auto_sales, accessed January 28, 2013.
6. U.S. Department of Labor, U.S. Bureau of Labor Statistics,Consumer Expenditures in 2010: Lingering Effects of the Great Recession, August 2012, http://www.bls.gov/cex/csxann10.pdf.

第一章

1. 見 E. Castronova, D. Williams, C. Shen, R. Ratan, L. Xiong, Y. Huang, B. Keegan, and N. Contractor, "As Real as Real? Macroeconomic Behavior in a Large-Scale Virtual World,"*New Media and Society* 11 (2009): 685–707.
2. 見 "Worldwide Virtual Goods Market Reaches $15 Billion: Monetization Still a Four Letter Word," Superdata: Digital Goods Management, August 29, 2012, http://www.superdataresearch.com/monetization-is-a-four-letter-word/.
3. European Central Bank, *Virtual Currency Schemes* (Frankfurt: European Central Bank, 2012).
4. 你還是有機會買到這張卡牌：http://www.ebay.com/itm/MTG-MAGIC-ISOLATED-CHAPEL-ALTERED-PAINTED-ART-CARD-NIGHT-2-4-/280795424565?pt=LH_DefaultDomain_0&hash=item4160b62735, accessed December 27, 2011.
5. 見Cardhoarder, http://www.cardhoarder.com/store/index.php?target=products&product_id=10925, accessed December 27, 2011.
6. 見 http://www.cardhoarder.com/store/index.php, accessed December 27, 2011.
7. 見 http://en.wikipedia.org/wiki/Icelandic_kr%C3%B3na, accessed February 14, 2012.
8. 經濟學家Nicholas Economides 建了一個非常有用的網路經濟學網站；見Economics of Networks, http://www.stern.nyu.edu/networks/site.html, accessed January 2, 2012.
9. 見 http://www.facebook.com/press/info.php?statistics, accessed January 3, 2012.
10. "Top Sites in Russia," Alexa: The Web Information Company, http://www.alexa.com/

topsites/countries/RU, accessed January 3, 2012.

11. 見 http://developers.facebook.com/policy/credits/, accessed January 3, 2012.

12. Brittany Darwell, "27M Users Bought Virtual Goods Using Facebook Payments in 2012; Zynga's Influence on Revenue Further Diminishes," Inside Facebook, February 1, 2o13, http://www.insidefacebook.com/2013/02/01/27m-users-bought-virtual-goods-using-facebook-payments-in-2012-zyngas-influence-on-revenue-further-diminishes/.

13. 想檢視這些資料，見以下網站並點選你想看的年份：http://www.federalreserve.gov/releases/h6, https://www.cia.gov/library/publications/the-world-factbook/geos/us.html, http://www.federalreserve.gov/releases/z1/.

14. 見 "List of Countries by GDP (Nominal)," Wikipedia, http://en.wikipedia.org/wiki/List_of_countries_by_GDP_%28nominal%29, accessed January 3, 2012.

15. Michelle King and Geoffrey A. Fowler, "Warner 'Likes' Facebook Rentals," *Wall Street Journal*, March 9, 2011.

16. Jeff Jensen, "Miramax Creates Facebook App so You Can Rent, Buy Movies. Will You 'Like'This?" Entertainment Weekly, August 22, 2011, http://insidemovies.ew.com/2011/08/22/miramax-creates-facebook-app-so-you-can-rent-buy-movies-will-you-like-this/, observed January 3, 2012.

17. 維爾福董事長加布・紐維爾（Gabe Newell）表示，有人因為為絕地要塞2製作遊戲物件，而賺進了五十萬美元 "Exclusive Interview: Valve's Gabe Newell on Steam Box, Biometrics, and the Future of Gaming," The Verge, January 8, 2013, http://www.theverge.com/2013/1/8/3852144/gabe-newell-interview-steam-box-future-of-gaming.

第二章

1. Joseph Stromberg, "Scientists Use Snails to Trace Stone Age Trade Routes in Europe," Smithsonian.com, June 19, 2013, http://blogs.smithsonianmag.com/science/2013/06/scientists-use-snails-to-trace-stone-age-trade-routes-in-europe/.

2. "The Weirdest Currencies in the World," CNBC.com, http://www.cnbc.com/id/31763263/The_Weirdest_Currencies_In_the_World, accessed April 3, 2012.

3. Alan E. Kazdin, "The Token Economy: A Decade Later," *Journal of Applied Behavior Analysis* 15 (1982): 431–445.

4. 引自 "Early Modern European Currencies,"Emery Snyder.org, http://www.emerysnyder.org/projects/currency0.html, and "List of Currencies," Rutgers.edu, http://www2.scc.rutgers.edu/memdb/choosefromlist.php?db=spuf&type=from_curr, both accessed May 17, 2012.

5. Charles Lane, "The Man Who Predicted the European Debt Crisis," *Washington Post*, December 12, 2010.

6. David Wolman, "Dream of Universal Currency Just Won't Die," Wired, December 27,

2011, http://www.wired.com/magazine/2011/12/st_essay_globalcurrency/ 讀者如果對於這類仍流傳於今日的古怪通用貨幣感興趣，可以閱讀沃爾曼對當代貨幣的介紹， *The End of Money: Counterfeiters, Preachers, Techies, Dreamers—and the Coming Cashless Society* (Boston:Da Capo, 2012).

7. 見 http://www.cashyourmiles.com/faq.php, accessed February 12, 2013.

8. Eric Caoili, "Zynga, Amex Launch Prepaid Debit Card with In-Game Rewards," Gamasutra,May 22, 2012, http://gamasutra.com/view/news/170763/Zynga_Amex_launch_prepaid_debit_card_with_ingame_rewards.php; Jon Matonis, "Virtual Currency Exchange First Meta Closes $466,000 Funding Round," *Forbes*, April 10, 2012.

9. The *International Journal of Community Currency Research*, at http://ijccr.net/.

10. Joshua Fairfield, "Anti Social Contracts: The Contractual Governance of Virtual Worlds," *McGill Law Journal* 53 (2008).

11. Edward Castronova and Joshua Fairfield, "Dragon Kill Points: A Summary Whitepaper," January 24, 2007, available at Social Science Research Network, http://ssrn.com/abstract=958945 or http://dx.doi.org/10.2139/ssrn.958945.

第三章

1. Seth Lipsky, "What Is a Dollar?" *National Affairs* 8 (2011), http://www.nationalaffairs.com/doclib/20110623_Lipsky.pdf.

2. WebCite, http://www.webcitation.org/6CygqRiVv.

3. David Wolman, "A Short History of American Money, from Fur to Fiat," The Atlantic.com,February 6, 2012, http://www.theatlantic.com/business/archive/2012/02/a-short-history-of-american-money-from-fur-to-fiat/252620/.

4. 見 79 U.S. 457 athttp://supreme.justia.com/cases/federal/us/79/457/case.html.

5. Michael F. Bryan, "The Trime," Federal Reserve Bank of Cleveland, January 15, 2004http://www.clevelandfed.org/research/commentary/2004/0115.pdf.

6. European Central Bank, *Virtual Currency Schemes* (Frankfurt: European Central Bank,2012), 9–11.

7. Bruce Champ,"Private Money in Our Past, Present, and Future," Federal Reserve Bank of Cleveland, January 1, 2007 http://www.clevelandfed.org/research/commentary/2007/010107.cfm.

8. Ibid.

9. Bryan, "The Trime."

10. "Defendant Convicted of Minting His Own Currency," Federal Bureau of Investigation, Charlotte Division, March 18, 2011,http://www.fbi.gov/charlotte/press-releases/2011/defendant-convicted-of-minting-his-own-currency.

11. Paul Caron,"The Tax Treatment of Frequent Flyer Miles: An Update,"TaxProf Blog, July 7,

2008,http: / / taxprof.typepad.com / taxprof_blog / 2008 / 07 / the-tax-treatme.html.

12. IRS Announcement 2002-18, http: / / www.irs.gov / pub / irs-drop / a-02-18.pdf.

13. Gerry W. Beyer,"Citibank Claims Awards of Frequent Flyer Miles Are Taxable,"Wills, Trusts,and Estates Prof Blog, March 9, 2012,http: / / lawprofessors.typepad.com / trusts_ estates_prof / 2012 / 03 / citibank-claims-awards-of-frequent-flyer-miles-are-taxable.html.

14. Jamie Golombek, "Tax Expert: Traveller Wins Right to Claim Aeroplan Points," Canada. com, July 3, 2010,http: / / www.canada.com / health / Expert+Traveller+wins+right+claim +Aeroplan+points / 3228774 / story.html.

15. F. Gregory Lastowka and Dan Hunter, "The Laws of the Virtual Worlds," *California Law Review* 92, no. 1 (2004).

16. Joshua Fairfield,"Virtual Property," *Boston University Law Review*85 (2005), available at http: / / papers.ssrn.com / sol3 / papers.cfm?abstract_id=807966.

17. F. Gregory Lastowka, *Virtual Justice: The New Laws of Online Worlds* (New Haven: Yale University Press, 2010).

18. 見 http: / / www.ca9.uscourts.gov / opinions / view_subpage.php?pk_id=0000011049, accessed June 4, 2012.

19. Leandra Lederman,"'Stranger than Fiction': Taxing Virtual Worlds," *New York University Law Review* 82 (2007), available at http: / / papers.ssrn.com / sol3 / papers.cfm?abstract_ id=969984; Bryan Camp,"The Play's the Thing: A Theory of Taxing Virtual Worlds," Hastings Law Journal 59, no. 1 (2007), available at http: / / papers.ssrn.com / sol3 / papers. cfm?abstract_id=980693.

20. Eric Caoili, "Japanese Social Game Networks Take a Hit over Regulation Concerns," Gamasutra,May 7, 2012,http: / / www.gamasutra.com / view / news / 169887 / Japanese_ social_game_networks_take_a_hit_over_regulation_concerns.php.

21. F. Gregory Lastowka,"Criminal Games," Terra Nova,August 17, 2005, http: / / terranova. blogs.com / terra_nova / 2005 / 08 / criminal_games.html.

22. Liz Benston, "Chips No Longer Good as Cash," *Las Vegas Sun, March* 9, 2007, available at http: / / www.casinocitytimes.com / article / chips-no-longer-good-as-cash-49187.

23. Rhode Island State Law, Chapter 11, http: / / www.rilin.state.ri.us / statutes / title11 / 11-19 / 11-19-9.HTM, accessed June 4, 2012.

24. Lastowka, *Virtual Justice*.

25. Sheppard Mullin, "Making Sense of Virtual Dollars," Law of the Level, November 22, 2011, http: / / www.lawofthelevel.com / 2011 / 11 / articles-1 / virtual-currency / making-sense-of-virtual-dollars / ；也見以下由Perkins Coie法律事務所於二〇一〇年準備的投影片簡報： http: / / www.slideshare.net / jonmatonis / virtual-currency-law.

第四章

1. Bruce Champ and Scott Freeman, *Modeling Monetary Economies* (Cambridge: Cambridge University Press, 2001).
2. 協調賽局理論的最佳入門介紹依然是 Thomas Schelling, *Strategy of Conflict* (Cambridge: Harvard University Press, 1960).
3. Scott Rigby and Richard Ryan, *Glued to Games: How Video Games Draw Us in and Hold Us Spellbound* (Santa Barbara, Calif.: Praeger, 2011).
4. Byron Reeves and Clifford Nass, *The Media Equation: How People Treat Computers, Television, and New Media like Real People and Places* (Stanford, Calif.: Center for the Study of Language and Information, 2003).

第二部

1. Gregory Clark, A Farewell to Alms:*ABrief Economic History of the World* (Princeton: Princeton University Press, 2008).

第五章

1. 威廉斯教授的網站有數十份相關的研究 http://www.dmitriwilliams.com/research.html.
2. 人類學家已經開始探討虛擬貨幣的重大影響，見Bill Maurer, Taylor C. Nelms, and Lana Swartz, "'When Perhaps the Real Problem Is Money Itself!': The Practical Materiality of Bitcoin," Social Semiotics (2013).
3. For a survey,見 Bruno Frey, *Happiness: A Revolution in Economics* (Cambridge: MIT Press, 2010).
4. 見 U.S. Department of Commerce, U.S. Census Bureau, http://www.census.gov/hhes/www/income/data/historical/people/, accessed February 7, 2013.
5. 正常的經濟讓人不快樂並不是一個新的見解，見 Tibor Scitovsky, *The Joyless Economy: The Psychology of Human Satisfaction* (New York: Oxford University Press, 1992).
6. Annie Lang,"Motivated Cognition (LC4MP): The Influence of Appetitive and Aversive Activation on the Processing of Video Games," 論文發表於International Communication Association的年度會議, Sheraton New York, May 25, 2009,也可以在此查到 AllAcademic.com, http://www.allacademic.com/meta/p13157_index.html.

第六章

1. Stephen Knack and Philip Keefer, "Does Social Capital Have an Economic Payoff? A Cross-Country Investigation," *Quarterly Journal of Economics* (1997): 1251–1288.

2. Consumer Price Index data, United States Department of Labor, Bureau of Labor Statistics, http://data.bls.gov/cgi-bin/surveymost, accessed February 11, 2013.

3. E. Castronova, D. Williams, C. Shen, R. Ratan, L. Xiong, Y. Huang, B. Keegan, and N. Contractor, "As Real as Real? Macroeconomic Behavior in a Large-Scale Virtual World," *New Media and Society* 11 (2009): 685–707.

4. Chip Morningstar and F. Randall Farmer, "The Lessons of Lucasfilm's Habitat," in *Cyberspace: First Steps, ed. Michael Benedik*t (Cambridge: MIT Press, 1991), 也可以在此查到 http://www.fudco.com/chip/lessons.html.

第七章

1. William Riker, "Implications from the Disequilibrium of Majority Rule for the Study ofInstitutions," *American Political Science Review* 74 (1980): 432–446; Sue E. Crawford and Elinor Ostrom, "A Grammar of Institutions," *American Political Science Review* 89 (1995): 582–600; Randall L. Calvert, "The Rational Choice Theory of Social Institutions: Cooperation, Coordination, and Communication," in *Modern Political Economy: Old Topics, New Directions*, ed. Jeffrey S. Banks and Eric A. Hanushek (Cambridge: Cambridge University Press, 1995), 216–268.

2. 頗具爭議的生物學家Richard Dawkins,在 *The Selfish Gene* (Oxford: Oxford University Press, 1976)一書中主張，很多想法都受制於演化的壓力。他創了一個詞「模因」(meme)，認為人類的想法就類似於基因。我們不清楚這中間的運作多成功，但不可否認的是，我們說與做的事都能產生一種想法，並傳播到整個社會。

3. Peter J. Richerson and Robert Boyd, *Not by Genes Alone: How Culture Transformed Human Evolution* (Chicago: University of Chicago Press, 2005); David Easley and Jon Kleinberg, *Networks, Crowds, and Markets: Reasoning about a Highly Connected World* (New York: Cambridge University Press, 2010), chapter 7.

4. Susanne Lohmann, "The Dynamics of Informational Cascades: The Monday Demonstrations in Leipzig, East Germany, 1989–1991," *World Politics* 47, no. 1 (1994).

5. "40 Years of Driving on the Right Side in Sweden," The Volvo Owners Club, September 3 1967, http://www.volvoclub.org.uk/history/driving_on_right.shtml.

第八章

1. Viktor Mayer-Schönberger, *Delete: The Virtue of Forgetting in the Digital Age* (Princeton: Princeton University Press, 2011).

2. Clare Chambers-Jones, *Virtual Economies and Financial Crime: Money Laundering in Cyberspace* (Cheltenham, U.K.: Elgar, 2012); Jeffrey Sparshott, "Web Money Gets Laundering Rule," *Wall Street Journal*, March 21, 2013, http://online.wsj.com/article/SB1

0001424127887324373204578374611351125202.html.

3. Geoffrey A. Fowler and Juying Qin,"QQ: China's New Coin of the Realm? Officials Try to Crack Down as Fake Online Currency Is Traded for Real Money," *Wall Street Journal*, March 30, 2007,http://online.wsj.com/public/article/SB117519670114653518-FR_svDHxRtxkvNmGwwpouq_hl2g_20080329.html; Richard Heeks, "Understanding Gold Farming and Real-Money Trading as the Intersection of Real and Virtual Economies," *Journal of Virtual World Research* 2 (2009), http://journals.tdl.org/jvwr/index.php/jvwr/article/view/868.
4. Vili Lehdonvirta, "Converting the Virtual Economy into Development Potential," World Bank, 2011, http://www.infodev.org/en/Publication.1056.html.
5. Audit rates have been rising for the wealthy in the US, but remain below 5 percent for the vast majority of taxpayers. "Filing taxes? Beware Sharp Increase in Audit Rates," *Forbes* April 6, 2012, http://www.forbes.com/sites/robertwood/2012/04/06/filing-taxes-beware-sharp-increase-in-audit-rates/, observed March 21, 2013.
6. Jack M. Balkin, "Virtual Liberty: Freedom to Design and Freedom to Play in Virtual Worlds," *Virginia Law Review* 90 (2004).
7. F. Gregory Lastowka and Dan Hunter, "The Laws of the Virtual Worlds," *California Law Review* 92 (2004); Joshua Fairfield, "Virtual Property," *Boston University Law Review* 85 (2005), 也可以在此查到 http://papers.ssrn.com/sol3/papers.cfm?abstract_id=807966; Benjamin Duranske, *Virtual Law: Navigating the Legal Landscape of Virtual Worlds* (Chicago: American Bar Assocation, 2008); Marques Tracy, "Antitrust Law and Virtual Worlds," *Journal of Business, Entrepreneurship and the Law* 3 (2010).
8. 在一九七〇年代與八〇年代初期，美國政府似乎曾經想試過政策測試，但放棄了。(見, e.g., Overview of the Final Report of the Seattle-Denver Income Maintenance Experiment, May 1983, http://aspe.hhs.gov/hsp/SIME-DIME83/index.htm). 測試規模很大、做起來很不方便、費用很昂貴，也不可能複製。在真實環境與真人做的測試，也不公正。相反的，虛擬世界可以允許政策測試在無限制、受到控制的、可以複製的社群環境中進行。
9. John A. List, "Why Economists Should Conduct Field Experiments and 14 Tips for Pulling One Off," *Journal of Economic Perspectives* 25, no. 3 (2011): 3–16.

結語

1. Joshua Fairfield 首先提出了這種危險性，而且比我更為激烈。他的文章很值得深入閱讀："Anti Social Contracts: The Contractual Governance of Virtual Worlds," *McGill Law Journal* 53 (2008).
2. Johann Huizenga, Homo Ludens: A Study of the Play-Element in Culture (1938; Boston: Beacon, 1971).

一～五劃

六～七劃

八～十劃

十三～十七劃

十一劃

十二劃

書 名

姓 名 □女 □男 年齡

地 址

電 話 手機

Email

□同意 □不同意 收到野人文化新書電子報

學 歷 □國中(含以下)□高中職 □大專 □研究所以上

職 業 □生產/製造 □金融/商業 □傳播/廣告 □軍警/公務員
□教育/文化 □旅遊/運輸 □醫療/保健 □仲介/服務
□學生 □自由/家管 □其他

◆你從何處知道此書？
□書店：名稱 ______ □網路：名稱 ______
□量販店：名稱 ______ □其他 ______

◆你以何種方式購買本書？
□誠品書店 □誠品網路書店 □金石堂書店 □金石堂網路書店
□博客來網路書店 □其他 ______

◆你的閱讀習慣：
□親子教養 □文學 □翻譯小說 □日文小說 □華文小說 □藝術設計
□人文社科 □自然科學 □商業理財 □宗教哲學 □心理勵志
□休閒生活（旅遊、瘦身、美容、園藝等） □手工藝／DIY □飲食／食譜
□健康養生 □兩性 □圖文書／漫畫 □其他 ______

◆你對本書的評價：（請填代號，1. 非常滿意 2. 滿意 3. 尚可 4. 待改進）
書名 ____ 封面設計 ____ 版面編排 ____ 印刷 ____ 內容 ____
整體評價 ____

◆你對本書的建議：

廣　告　回　函
板橋郵政管理局登記證
板 橋 廣 字 第 143 號

郵資已付　免貼郵票

野人

23141
新北市新店區民權路108-2號9樓
野人文化股份有限公司 收

請沿線撕下對折寄回

野人

書號：0NEV6022